自我觉醒，

给孩子最好的原生家庭

小楼老师 —— 著

中国妇女出版社

图书在版编目（CIP）数据

自我觉醒，给孩子最好的原生家庭 / 小楼老师著
. -- 北京 : 中国妇女出版社，2021.6
ISBN 978-7-5127-1979-8

Ⅰ.①自… Ⅱ.①小… Ⅲ.①家庭教育 Ⅳ. ①G78

中国版本图书馆CIP数据核字（2021）第079678号

自我觉醒，给孩子最好的原生家庭

作　　者：小楼老师　著
责任编辑：门　莹
封面设计：尚世视觉
责任印制：王卫东
出版发行：中国妇女出版社
地　　址：北京市东城区史家胡同甲24号　　邮政编码：100010
电　　话：（010）65133160（发行部）　　65133161（邮购）
网　　址：www.womenbooks.cn
法律顾问：北京市道可特律师事务所
经　　销：各地新华书店
印　　刷：三河市祥达印刷包装有限公司
开　　本：165×235　1/16
印　　张：18.5
字　　数：260千字
版　　次：2021年6月第1版
印　　次：2021年6月第1次
书　　号：ISBN 978-7-5127-1979-8
定　　价：59.80元

自序

PREFACE

有一个男人，一生一事无成，最后在悲惨和痛苦中死去。

死后，他见到了死神。死神很喜欢愚弄悲惨之人，死神告诉他："我可以让你重新活一次，并且保留前世的记忆，你愿意再活一次吗？"这个男人很开心，他觉得，既然保留了自己前世的记忆，就可以避免生前犯下的错误，过上和前世不一样的人生。

男人复活了，但他这一世并没有过上自己预期的生活。他在这一世虽然能够预见前世每一次悲剧的发生，却仍然重蹈覆辙，一步步走上和前世一模一样的道路，最后在悲惨潦倒中死去。

他再次见到了死神。死神轻蔑地对他说："无论我让你复活多少次，无论你如何清楚地记得前世的错误，你都会再次犯错。"

这个故事恰恰印证了一个心理学的隐喻——父母那些错误的观念或者行为，若没有从根本上被觉察、被纠正，就会传给自己的后代，对他们造成伤害，他们的后代又会用这些行为伤害自己的孩子……就这样代代相传。

在我父母那一辈，养育孩子似乎是一件自然而然的事情，生了孩子，有了父母的称号，自然就会养育孩子。没有人会想着学习一些育儿知识，更没有人会在乎孩子的心理。如果一定需要寻找参考，那么就参考他们父辈的做法，或者参考周围的人怎么做。于是，很多“错误”就这样一代代传递下去，很难有人发现问题出在哪儿。

很多父母觉得了解孩子很难，觉得自己跟孩子的世界离得很远。其实，孩子的世界是最容易理解的，因为每一个人都是从孩子成长起来的。自己走过的路，有什么理解不了的呢？只是很多人在长大成人的过程中，遗忘了自己作为孩子时的感受。这种遗忘，并不是真正的忘记，而是一种压抑。

很多人的童年并不快乐，所以就把受伤的感觉压在心底，尽量不去触碰它，假装它从不存在。当自己也成为父母的时候，孩子的行为就激发出他们心里的痛苦，他们不认为那是自己的感受，而认为是孩子“不可理喻”。在他们小时候表现出这种行为时，父母会批评他们。为了不让自己难过，也因为相信父母说的都对，他们选择了压抑自己的感受。于是，他们在成长过程中渐渐变得麻木。当孩子和他们当年表现出同样的行为时，他们就会像自己的父母一样，去责备自己的孩子。渐渐地，孩子也像他们当年一样，开始否定自己的感受。就这样，同样的行为一代一代地轮回，在同一个家族里持续传递……

还好，到我们这一代人养育孩子的时候，互联网得到了高速发展，心理学也被越来越多的人所接受，并且将其纳入养育孩子的过程中。更令人欣喜的是，很多父母会在了解儿童心理的过程中反思自己的成长。

当人们开始觉察自己生命中沉积的问题时，就开启了解决问题的大门。如果没有反思，人们就会像那个悲惨的男人一样，即便清楚地记得自己之前的错误，还是会一次次犯错。

非常感谢门莹女士，没有她的努力，就没有这本书的诞生。本书中的文章虽然都是对父母教养方式的研究，但是更希望大家在看这本书的时候，能够觉察到自己童年经历中的挫折和创伤，不仅在养育孩子的时候不再犯相似的错误，也能以此为契机，踏上疗愈之路，与孩子共同成长。

目录

CONTENTS

CHAPTER 1

和母亲的关系，会影响孩子一生

CHAPTER 2

参与孩子的成长，做不缺席的父亲

CHAPTER

3

从你开始，摆脱原生家庭的世代桎梏

CHAPTER

4

了解孩子的心理，帮助他成就更好的自己

CHAPTER 5

如何培养高情商的孩子

CHAPTER 6

决定孩子未来发展的关键因素

CHAPTER 7

孩子的大脑发育和智力发展

CHAPTER 8

孩子的行为引导和教养技巧

CHAPTER 9

青春期孩子的教养问题

CHAPTER

1

和母亲的关系，会影响孩子一生

英国发展心理学家约翰·鲍比（John Bowlby）的依恋关系理论认为，从一个人孩童时期与母亲形成的依恋关系模式，可以预测出他成人后的关系模式。而这种模式，是母亲在抚养孩子的过程中逐渐形成的。

01 母子关系对儿子的婚姻和事业有决定性影响

不尊重自己母亲的男性，也不会爱自己的伴侣

曾经有个朋友，她交往了一个家境富裕、样貌英俊的男子。但和这个男子约会几次以后，她发现该男子对自己的母亲评价很低，甚至时常说自己的母亲是个“白痴”“什么都不懂”。

朋友问我，是否还应该和这个人交往下去。我问她：“他对你怎么样？会照顾你的感受吗？”她说：“很少。他很喜欢控制一切，什么都由他说了算，如果我要做决定，他就会找出很多不满意的地方。”我劝她说：“还是趁早分手吧。一个对自己母亲评价恶劣的男人，不会尊重和爱护自己的伴侣。”

琳达·斯通·菲西博士是一位婚姻与家庭治疗领域的教授。她说，母亲可以引导儿子感觉到自己的价值，如果一个母亲觉得自己重要，但又不是完全以自我为中心，儿子也会感到自己是重要的、值得被爱的。

觉得自己重要的母亲，会给儿子传递两个信息：如果我是重要的人，那么你也是；因为我重要，所以我值得得到别人的善意和尊重。

那些在家里没有任何地位的女性，她们一直给儿子传递的信息是什么呢？女性是卑微的，女性不应该被尊重。所以，这类女性的儿子内心也会有自卑感。这样的孩子会嫌弃自己的母亲，渐渐向父亲或者有权力的男性亲属靠近。当他们成人之后，也会不尊重其他女性。出于生理需要，他们会追求女性，但是他们根本不爱女性。若与这样的男性交往，无论在精神上还是肉体上，女性都可能会遭到较大的伤害。

母子关系对男性的影响，在某些方面会超过父子关系。

他不聪明，却事业有成；他不英俊，却娶到美丽的女主播

霍华德出生在美国得州一座小镇上，由母亲独自抚养长大，他母亲经营着一间小餐馆。霍华德小的时候非常瘦弱，在学校常常被同学欺负。像他这样的孩子，总是容易被欺负，因为他没有兄弟，没有父亲，身材瘦小。

霍华德小时候非常害羞，每当遇到陌生人，就会躲在妈妈身后，除了妈妈以外，他和任何人讲话都会口吃。入学后，由于害羞，霍华德很少和同学讲话。偶尔在课堂上被点名回答问题，他因为害怕自己讲话口吃，一般都会一言不发。一年之后，霍华德各门功课都不及格，数学考了零分，有老师甚至建议霍华德的母亲带他去做智力测验，他们怀疑霍华德智力低于正常水平。那一年，霍华德的母亲决定让他休学一年。

在这个节点上看，霍华德前途一片黯淡。作为一个小男孩，他生活中遭遇的逆境实在太多，并且这些因素已经给霍华德的心理造成了消极影响。

成年后的霍华德接受采访时说，他的人生之所以没有一塌糊涂，完全得益于母亲全然的关爱，以及一位女老师——琼斯女士的指导。

琼斯女士是霍华德的美术老师，她在了解霍华德休学的原因后，对他母亲说，虽然霍华德是一个非常内向的孩子，但他似乎有绘画方面的天赋——处在他这个年龄段的孩子，大部分都很难安静地坐着，但他能长时间坐在那里画画。虽然绘画的技巧还比较稚嫩，但他能观察到很多细节，比如，他会用两种颜色去画一朵鲜花的花瓣，目的是为了区分阳光下的花瓣和阴影中的花瓣。琼斯女士不认为霍华德的智商比一般孩子低，但霍华德确实太害羞了。琼斯女士说，她自己也有两个儿子，大儿子曾经也很害羞、胆怯，她的做法是鼓励孩子多参与活动。她建议霍华德的母亲说："或许你可以鼓励他帮你一起经营餐厅，做一点儿事情，然后告诉他：生活中有他，你多么开心，多么感激他给你的帮助。当然，你并不真的指望他做很多事，只是为了帮助他慢慢开始与人交流。"

就这样，霍华德的母亲开始鼓励霍华德参与自己的生计，而不再一味地保护他。她鼓励霍华德跟每一位走进店里的客人打招呼，说"早上好""再见""下午好"，并记住每个人的名字。当客人发现这个小男孩能叫出自己名字的时候，先是吃惊，然后是惊喜，有些女士还会抱着他，给他一个吻。由于琼斯女士的鼓舞，霍华德的母亲给霍华德买了很多画画工具，让他开始学习画画。

当霍华德再次返校的时候，他讲话几乎不再结巴。霍华德说，很多人小的时候对自己的未来不明确，但他似乎早就知道自己会做什么。他很喜欢画肖像画，尤其是女性的肖像画，他曾经的模特就是自己的母亲。他在高中的时候开始接触摄影，他总是能捕捉住人物很细微的表情。他将自己的作品寄给一些杂志社，并收到了合作邀请，逐渐开始与一些知名杂志合作。

与很多摄影师不同，霍华德没有艺术家的冷傲与孤僻，他耐心、细致，知道怎样安慰紧张的拍摄对象，他有非常强的亲和力，几乎每一位跟他合作过的人都会和他成为朋友，甚至很多脾气怪异的女明星也是他的朋友，时常指定他为自己的摄影师。

霍华德身材比较矮小，容貌也并不英俊，却很受女性欢迎。后来霍华德订婚了，他的未婚妻是当地电台最美丽的主持人。这位女士曾有众多追求者，但她却对霍华德情有独钟，她说只有与霍华德在一起的时候，她才会非常开心、放松。

母亲对儿子有怎样的影响

很多母亲总是听到这样的说法：如果男孩和母亲太亲近，将来会变得“娘娘腔”，没出息。但事实却是，过早分离母子关系，鼓励男孩“像个男人”一样，会影响男性发展出健全的心理。

母亲在婴儿期若总能满足孩子的需求，将会和孩子发展出良好的依恋关系。良好的依恋关系能帮助孩子建立全然的安全感。男孩与母亲之间建立的良好关系，会使他们在成年后更加具有责任心。婴儿期未能和母亲建立起良好依恋关系的男孩，成年后可能会更加暴力、激进，具有破坏性。

良好的母子关系也能让孩子在校成绩表现良好。母亲丰富的情感常常会影响孩子阅读方面的能力，母亲比父亲更能帮助孩子提高阅读和写作方面的技巧，而阅读能力是学习其他一切知识的基础。

在青春期，和母亲关系良好的男孩子较少出现冒险行为。最新的研究显示，当男孩面对是否进行危险行为的决定——比如饮酒、吸毒或性行为时，母亲的教养或教导能够起到最具影响力的作用。大多数母亲不赞成儿子酗酒、过早进行性行为，如果母子关系良好，孩子自然会将母亲的约束和价值观带入自己的信念和准则中。

母亲对男孩最大的影响表现在情商方面。父亲往往倾向于压抑自己的感受，尤其不擅长表达爱、喜悦、赞赏、悲伤、忧虑等情绪，但母亲能更自然地表现这些情绪，男孩可以从母亲那里学会如何表达以及控制这些情绪。美国心理协会的一项研究发现，和母亲关系良好的男孩，不太会表现出过度的男性化气质，相反，他们认为，男性不必通过粗暴、单打独斗来证明自己有男性魅力。

母子关系甚至还能预示孩子的事业是否成功，婚姻是否幸福。如今，强势的性格、强悍的外表并不能让一个人通往成功。相反，一个人的成功离不开团队合作，这时情商就显得尤为重要。那些擅长处理人际关系的男性，更容易获得团队支持，因此也更容易取得成就。

在寻求伴侣方面，高情商的男性也更有优势。越来越少的女性喜欢“硬汉”，“暖男”反而开始受欢迎。就婚姻满意度来说，“暖男”的婚姻常常更幸福。

什么样的母子关系是不健康的

男孩得不到母亲的爱，这是最糟糕的一种母子关系。这种关系会引发一系列人格缺陷，导致男孩成年后更容易具有反社会人格，对孩子的消极影响很明显。而另一些母子关系看上去和谐、融洽，事实上却并不健康，这类不健康的母子关系常常容易被忽视。这类母子关系主要有以下几种。

◆ 内疚的儿子，抱怨的母亲

如果儿子在小时候总是听妈妈说她为自己付出了很多，如果不是因为他，她的生活可能会很好之类的话，儿子会对母亲有一种深深的内疚感，以至于他成年后在很多生活的规划中必须把母亲放在第一位。当他单身的时候，也许问题并不严重，但当他进入一段恋情或者婚姻以后，母亲很可能会成为他亲密关系中影响最大的“第三者”。

◆ 恐惧的儿子，强势的母亲

这种母亲在儿子小的时候总是恐吓他——“如果你不听话，妈妈就不爱你了”，儿子就会因为害怕失去母亲的爱而感到恐惧。这种感觉对孩子最直接的影响就是他不敢做自己想做的事情或者说自己想说的话，因为他害怕激怒母亲而导致母亲收回对他的爱。当他进入亲密关系以后，他的妻子会非常痛苦，一旦他妻子和母亲发生冲突，他就会选择退缩或者责备妻子，因为他不敢反对母亲的权威。

◆ 憎恨父亲的儿子，怨恨男性的母亲

这种情况多出现在单亲母亲或者离异家庭中。我认识一位男性，他遗传了父亲艺术家的天分，却执着地做了一名税务律师。这份工作与他的性格非常抵触，他并不能从工作中获得满足感，反而总是有挫败感。因为他从小就听母亲说，搞艺术的男人都是坏男人，还是做一些中规中矩的工作好，为了不让母亲失望，他选择了一份让母亲满意、但自己并不喜欢的工作。

如果男孩总是听到母亲否定自己的父亲，甚至怨怅所有的男性，会导致有的男孩渐渐出现身份认同障碍，甚至会憎恨自己的性别，还可能导致有的男孩采用和父亲完全相反的行为模式，不接受自己性格中先天的特质。

02 依恋关系影响孩子未来一生的关系模式

我死去的母亲一直在抚养我的孩子

这是一个听来的故事，故事的主人公讲述了自己抚养女儿时的感受。

我的母亲在我28岁那年去世，那一年我刚结婚。一年半之后，我有了自己的孩子——爱丽丝。爱丽丝是一个焦虑又敏感的孩子，她总是爱哭，我必须哄她睡觉，只要我一离开，她就会醒来，然后撕心裂肺地大哭不止。我不得不放弃工作，照顾这个一刻也离不开人的小家伙。

爱丽丝3岁的时候，虽然说话还不利索，但她已经会对着我和她爸爸大吼大叫——因为我们不能满足她的各种要求。

那段时间，我和丈夫的感情出现了问题。丈夫工作时间很长，时常家里只有我和一个不肯安静的孩子。我不知道怎样让爱丽丝安静下来，有时候我不想理她，就把她关在卧室，任她哭吼；有时候我又觉得很内疚，会满足她的一切需求，补偿我对她的冷漠。

养育孩子的辛苦和因为孩子而不得不放弃工作的失落，让我的心境十分差。每次丈夫回家，我就会跟他抱怨。有一个周末，丈夫告诉我，朋友约他去看足球赛，他周末不在家。我的愤怒再次爆发，我开始指责他不关心我，不关心孩子。对，这么长时间以来，仿佛就是我一个人在抚养爱丽丝，而她父亲却还有时间和朋友看足球赛。

每次丈夫告诉我，他又谈成了一份合同，或者又晋升了，我表面上祝贺他，内心却非常酸楚——如果不是孩子，这一切也是我该得到的吧？

爱丽丝4岁的时候，我和丈夫开始分居。那时，我已经患上了严重的抑郁症，医生建议我立即寻求心理治疗。治疗几次以后，咨询师问我："你和自己母亲的关系如何？"我不知道她为什么会问我这个问题。我说："很冷漠。"

我的母亲长期患有抑郁症（这是我后来才知道的），她总是独自待在卧室，郁郁寡欢。我小的时候总是努力想让她注意到我，然而无论我怎么做都没有用。我努力做到完美，进入最好的大学念书，进入一流的企业工作，我得到了很多人的赞赏，却还是不能让她开心。虽然每次听到我的好消息，她也会赞叹或者微笑，甚至以我为荣，但我看得出来，她的快乐只有那么一点点。很快，她又退回到自己黑暗、冰冷、没有温度的世界中。

在我所有的努力都失败以后，我和母亲变得越来越疏远。我离开了家，开始独自生活。我偶尔会和父亲分享我的生活，但是我几乎从不联系母亲。我既爱她，又恨她。

在我28岁的时候，母亲死于肺癌，可能是由于她长期抽烟的缘故。

我以为我和母亲的关系在我28岁的时候就彻底断了——我开始了新的生活，有了自己的孩子。然而，经过一年的心理咨询我才发现，母亲从未离开，她一直在我生命中影响着我所有的关系，包括我和丈夫的关系、我和爱丽丝的关系。

我和丈夫是一种既纠缠又疏远的关系，我时常忽冷忽热的表现让他无所适从。而我的女儿爱丽丝，未必天生就是个焦虑、敏感的孩子，是我养育她的方式让她没有安全感。

我的母亲仿佛幽灵一般存在于我的生活中，指导着我的每一个行为。我极度亲近爱丽丝的时候，是那个没有得到足够母爱的自己在渴求被溺爱；我漠然疏远爱丽丝的时候，是那个没有得到足够母爱的自己在嫉妒爱丽丝。

那时我才明白，我的母亲去世了，但她却一直通过我抚养着我的孩子。

母子关系如何影响你所有的关系

临床心理学家斯蒂芬·B.保尔特（Stephan B. Poulter）发现，很多人都不知道与母亲的关系会对我们未来的生活产生重大的影响。

一个人刚出生的时候，他和最初抚养他的人建立的情感纽带，将会成为他一生情绪发展、沟通模式和人格发展的基础。人一生中可能没有任何一种关系会像我们和母亲的关系一样，在潜移默化中塑造着我们的人格和沟通模式。

有一点需要注意，这里所说的母亲，是角色上的“母亲”，泛指直接抚养我们的那个人。有些家庭的孩子先天缺失母亲，母亲的角色由直接抚养他的人承担。

当一个人成年后进入一段亲密关系中的时候，他或许会产生一些难以解释的焦虑、压抑、愤怒或羞耻感，如果能够深入挖掘，都能找出这些情绪和他们与母亲的相处模式之间千丝万缕的联系。

英国发展心理学家约翰·鲍比（John Bowlby）的依恋关系理论认为，从一个人孩童时期与母亲形成的依恋关系模式，可以预测出他成人后的关系模式。而这种依恋关系模式，是母亲在抚养孩子的过程中逐渐形成的。

在婴儿时期，孩子会形成3种依恋模式。

◆ 安全型

形成这种依恋关系的孩子，母亲在身边的时候，他们很快乐，也有勇气去探索周围未知的空间。因为他们知道，妈妈在旁边，自己不会有什么危险。即便遇到危险，他们也能回到妈妈那里寻求安抚。妈妈不在他们身边的时候，他们会很痛苦，会一直等待着妈妈回来。只要妈妈回来并安抚了他们，他们就会很快恢复正常，又开始愉快地玩耍，而不是一直黏着妈妈。

◆ 回避型

形成这种依恋关系的孩子，无论妈妈在不在身边，他们都觉得无所谓，也不会亲近妈妈。他们探索未知空间的原因，很可能是不想和妈妈亲近。

◆ 焦虑型

形成这种依恋关系的孩子，当妈妈在身边的时候，他们看起来很正常，可一旦妈妈离开，他们就会非常痛苦。当妈妈再回到身边时，他们就会对妈妈发脾气。只要妈妈表现出要离开的意图，他们就会大吵大闹或者缠住妈妈不放。他们对玩耍失去了兴趣，所有的焦点都在妈妈身上。

依恋模式若持续发酵，就会影响孩子成年后的关系，尤其是亲密关系。

一个具有安全型依恋关系的人，别人和他相处时会感到很舒适，尤其是伴侣，因为他们很少会对一段关系表现出焦虑，也不会对伴侣太过依赖。一个具有回避型依恋关系的人，很难与别人建立起亲密的关系，即使建立，对方也会觉得他冷漠，不会关心别人，爱对他来说是一件负担很重的事情。一个具有焦虑型依恋关系的人则最为纠结，这种人非常渴望得到别人的关注与关爱，一旦得不到，就会变得歇斯底里；但是另一方面，他似乎又很害怕建立一段关系，害怕这段关系失败或者失去自己的独立空间。他们没有办法和伴侣保持一种合适的距离，所以给伴侣的感觉是忽冷忽热。

如何才能建立起安全型的依恋模式

要想让孩子建立起安全型的依恋模式，最重要的是父母要及时回应孩子的需求，无论生理需求还是情感需求。如果孩子想引起父母的注意，父母应该给予孩子足够的关注，而不是置之不理；如果孩子想独处，父母也应该给予孩子一定的空间，让他独自探索身边的世界。当然，是在保证安全的前提下。

如果父母总是漠视孩子的需求，孩子觉得无论如何都不能从父母那里得到关注，他们将会轻视爱，并且认为只能靠自己活在这个世界上。久而久之，他们就会形成回避型的依恋关系。

如果父母是那种以自我为中心的人，总是根据自己的心情或安排，有时回应孩子的需求，有时又无视孩子的需求，在孩子想要独处的时候，强行剥夺孩子独处的空间，这样的孩子就会形成焦虑型的依恋关系。他们不知道如何与另一个人相处才能在需要的时候被关注，或者是否可以在自己需要的时候拥有独处的空间。

没有父母是完美的，我们不可能回应孩子的每一次哭声、每一个需求。所幸依恋关系模式也不是通过一两次亲子互动形成的，而是孩子和母亲在长期的互动中逐渐形成的。也许你曾经没有做对，但现在开始改变也不晚。关系，是我们在一生中都可以塑造的东西。

03 母亲的情绪对孩子的情绪管理模式有深刻影响

母亲[1]对孩子究竟意味着什么

很多人都不记得3岁前发生的事情，那么是否可以说，3岁之前的时光对一个人来说不重要呢？当然不是，因为人在3岁以前就已经形成了关于“自我”的概念。

3岁以前的经历对人影响甚远，这些经历深深沉积于人的内在，甚至能够驱动人未来一生的感觉和行为。如果一个人的自我在童年早期受到损害，这个人可能终生在情绪上都会有些问题。

而人在3岁前的经历，和母亲有着非常大的关系。斯霍勒博士是加利福尼亚大学洛杉矶分校精神病学和生物行为学院的教授，他是目前世界上“依恋关系理论”的先驱，被誉为“美国的鲍比”（约翰·鲍比最先提出了“依恋关系

1　本文提到母亲的情绪对孩子的影响，是因为通常情况下照顾孩子的是母亲，给予孩子母乳的是母亲，母亲和自己的孩子有比其他人更好的先天连接。但是现在家庭中照顾孩子的可能不完全是母亲，那么照料孩子的人的情绪对孩子都会有影响。如果希望孩子在关键阶段发展出良好的生理和心理基础，孩子的所有照顾者都要关注自己的心理健康。

理论”）。斯霍勒博士是最早将先进脑科学运用在发展神经学和发展心理学领域的专家。斯霍勒博士认为，婴儿出生时已具有情绪机制的基础，但是婴儿并不会管理自己的情绪，他们需要依靠抚养者（多数情况下是母亲）去教导他们如何管理这些情绪。刚出生的婴儿没有关于“自我”的感知。至少在生命最初的6个月，婴儿感觉自己和母亲是一体的，他们不能准确区分自己和母亲的界限。所以，母亲的情绪很容易影响到自己的孩子。

在安全型的依恋关系中，母亲会从情绪上顺应孩子。当婴儿哭泣的时候，母亲几乎不会去思考“应该怎么做”，她只是感觉到一种无意识的、情绪上的冲动，想要去安抚自己的孩子。直觉会告诉她孩子是饿了、尿了还是困了。母亲和自己孩子的沟通，不是通过语言，而是通过肢体、表情、声音、触觉等多种渠道来进行的。这种沟通不仅发生在婴儿和母亲的思想中，也发生在两者的身体接触上。

母亲与孩子的情绪互动，决定了孩子的情绪管理模式

孩子通过情绪将自己的内在节律传达给母亲。当母子二人能够匹配对方的状态时，就会产生一种共情的感觉，这是一种连接的感觉，一种“有人可以和我共鸣”的感觉。

在一个人生命之初，情绪就像一片混沌的海洋，通过与母亲的互动，孩子一次次参考母亲如何帮助他管理情绪，在无意识中学会了母亲的情绪管理方法。孩子哭泣的时候，母亲可能会无数次去安抚他，直到有一天，孩子可以自己停止哭泣，那时他已经成功地将母亲的安抚内化成自己的能力。当婴儿将母亲的形象内化到自己的内在以后，即便独处，也能够感觉

到爱和安全感。

当孩子意识到他能够感觉到自己的情绪，并且能够调节它，而不是尖叫着让别人帮忙调节的时候，他就和母亲有了界限，他认识到自己并不是母亲的附属物。当一个婴儿开始能够“管理”自己情绪的时候，他的“自我”就开始形成。

但母亲不能只做孩子情绪管理的“模范”。在孩子出生后的第一年，母亲与孩子的互动塑造着孩子脑部更高级的管理区域。人的大脑在出生后两年内会飞速发展，这一时期的大脑神经元会成倍增加，并且形成特定的基础结构，这些结构是孩子未来发展各种能力的基础。孩子和母亲之间的互动、交流、情感的连接，也在为孩子塑造着大脑的神经连接。

那么，如果母亲不能回应或者不会回应孩子的情绪，又会发生什么？孩子在不舒服时没有人来安抚他，恐惧的感觉就会蔓延，他会感到世界非常可怕。在自我形成之初，这对他的影响非常大。没人教他如何管理情绪，如果他不能“像妈妈一样”管理情绪，他就会觉得痛苦，这是发展性创伤的根源。

患有抑郁症的母亲，可能很难解读别人的面部表情，尤其是婴儿的面部表情和肢体语言，她们会忽略孩子的渴求。如果母亲是一个情绪化的人，很焦虑、很冷漠，或者时而对孩子很好，时而又不顾孩子的感受，孩子将会觉得未来不可预测，非常不安全。

母亲在孩子生命之初与孩子共建的情绪互动，为孩子之后的情绪管理提供了基础。情绪管理意味着一个人能够自由地感觉到自己的情绪，而不会受到他人情绪的阻碍，可以享受和驾驭自己的情绪。所以，情绪管理功能良好的人，不会被情绪淹没或者感到极度痛苦和恐惧。如果不能做到这些，则可能遭受情绪管理失调的困扰，这是一种内部的混乱。

“静止脸实验”带给我们的启示

曼彻斯特大学心理学教授埃德·特洛尼克曾经做过一个非常有名的实验——静止脸实验。他让一个母亲先和孩子互动，孩子非常开心，积极响应。然后，他让母亲的脸换成没有表情的样子，无论孩子怎样做，母亲都一直面无表情。

实验过程如下。

- **实验之初，母亲与孩子进行正常的互动，孩子很开心。**
- **静止脸实验开始，母亲变得面无表情。孩子发现不对劲儿，开始想办法引起母亲的注意。**
- **孩子继续尝试让母亲与自己互动，但是母亲仍然面无表情。**
- **最后，孩子开始崩溃大哭。**

我在看这个实验视频的时候，几乎是屏住呼吸的，直到母亲最终开始回应孩子，我才松了口气。可是对于孩子来说，他不仅仅是松了口气，在母亲对他毫无反应的这段时间，他的心跳加速，体内压力激素增加，如果持续下去，他大脑关键部位的细胞可能会死亡。

婴儿一开始会持续尝试吸引父母的注意力。他们不断地重复这个过程，在失败以后他们会走开，感到悲伤与无可奈何，之后他们又会从头再来一次。一次又一次的尝试、失败，再尝试、再失败……那些常常被忽略甚至被虐待的孩子，开始表现出自我安抚的行为，比如吃手指、抓自己，甚至不再理睬父母。还有一些婴儿会变得特别沮丧，以至于他们根本没办法安慰自己。比如，孤儿院的一些婴儿，虽然吃饭、穿衣都有人照料，但是没人和他们说话、玩耍，也没人安抚他们，这些孩子发育特别迟缓，甚至可能会死亡。

“婴儿和所有人类一样，天生需要与他人互动，当我在20世纪80年代第一次做这个实验的时候，都不知道与他人进行连接对孩子来说有多么重要，也不知道当婴儿不能与他人连接的时候，消极影响又有多大。”埃德·特洛尼克教授说。

现在很多家庭的父母双方都要工作，亲自照料孩子的时间很少，或者即便照料孩子，也很难耐心地回应孩子的需求。父母因为压力过大，自己十分焦虑、抑郁、冷漠，这种情绪会对新生婴儿产生很大的影响，他们可能会形成不安全的依恋关系，也可能会在体内积聚许多负面情绪。严重的状况下，还可能会影响孩子的大脑发育。

不过好消息是，那些成长在被忽略或被虐待环境下的孩子，如果能进入一个充满爱和支持的环境中，他们的大脑还可能变得积极和健康起来。

04 不做“一心多用”的妈妈

丈夫被妻子脑子里的东西惊呆了

史蒂芬夫妇有一个7岁的女儿和一个4岁的儿子。最近，太太常常向史蒂芬抱怨说自己入睡困难，因为她睡觉前要思考的东西太多了。史蒂芬非常好奇太太睡觉前到底在想些什么，于是他让太太把她脑子里想的东西画出来。

“她总是说，如果我有她的大脑，估计我根本活不过一天。看到她画的草图以后，我相信她了。”史蒂芬被太太每晚睡觉前要思考的东西惊呆了。下图就是史蒂芬太太每晚脑子里在想的事情，也是她每天生活中要处理的事情。

史蒂芬太太每晚脑子里所想的事情

那么，这张图里包含了哪些内容呢？

- 孩子的衣食住行；
- 对孩子的评价是“棒极了，但他们是一群小魔鬼”；
- 对丈夫的评价是“最好的朋友”；
- 希望做一些事情“让丈夫开心”；
- 家庭以外的其他人也需要考虑，比如“妹妹要生孩子了”；
- 周围的人“怎样看我”，“我是不是对别人太苛刻了”；
- 关于工作，要考虑“合作伙伴”“学生”“父母”等；
- 关于服装，“我穿哪件衣服好看”；
- 关于怎样安排日程；

……

还有很多别的事情。

这张图放在网上以后，获得了超过270万次浏览，数百条评论。

网友们说：

“这个主意太棒了，我该让我的女朋友也试试。”

“作为一个女性，我敢肯定这110%是真的。”

“我真是惊讶，一个女人每天想这么多东西，她居然还能对你说：‘没什么，我很好……’”

“对于一个女性而言，说实话，她简直已经非常冷静、非常有条理了。”

“作为一个母亲，我有时候真的很难向我的丈夫解释我要思考多少东西。看来我也要画一张图了……”

“这是真的……作为一个女性，我确定我们的脑子可以同时思考非常非常多的东西。”

“就只有一张图？！我敢保证我的太太还能画满好几张纸！”

“确实是这样。我觉得我可能比你太太的想法还多两倍。看得出来她工作比较轻松，没有会议，也没有截止日期。”

史蒂芬打算也画一张自己的思维图。他说：“老实说，我脑子里想得最多的其实是数独游戏和星际大战。而且我估计自己不可能在同一时间从一件事情跳到另一件事情上。”

女性的大脑真的可以同时思考这么多东西吗

“我是个妈妈。所以我必须同时思考很多事情，同时计划很多事情，做很多事情。”这种同时进行多项任务的能力，被称为“多重任务能力”。每个妈妈似乎都拥有这种能力，但一个人的大脑真的可以处理多重任务吗？有人说，男性的大脑不能同时处理很多事情，但女性的大脑可以。其实，这种说法没有任何根据——没有一个人的大脑可以同时做两件事情，只是有可能在两件事情之间迅速切换。

所以，很多人所谓的处理多重任务的能力，其实是指“迅速在两件甚至多件事情中间切换的能力”。不过，这种切换对大脑来说并非好事。

密歇根大学的心理学教授大卫·梅耶尔（David Meyer），专门研究学习与注意力的关系。他说：“在大多数情况下，大脑不可能同时处理两件事情。除非其中一件事情非常简单，并且不和另一件事情争夺心理资源。”这种情况不叫“多重任务”，而叫作“后台任务”——你同时在做两件事情，但其实只有一件在主要消耗你的心理能量。比如，你可以一边听收音机，一边做家务；你可以一边踩单车，一边听音乐。

任何认为自己可以同时进行两件事情的人，其实都“高估”了自己，

“同时处理多件事情”只是一种幻觉——你不过是在很多事情上来回切换而已。这种切换会对人造成什么影响呢?

首先，你需要用更多的时间去处理同一件事情，因为很多时间和精力都耗费在了任务切换上。

其次，你会出现更多的失误，尤其是做那些强调规则的任务时。当你的注意力总是处于时刻需要转移的状态时，你的记忆力就会受损。记忆是大脑的一种编码，一系列的研究已经证明，当大脑编码（记忆）时，如果注意力被转移，人们记住的信息质量会下降，常常会记错或者遗漏。

最后，在进行多重任务的过程中，你会更加焦虑，更难控制自己的情绪，更容易表现出烦躁、不耐烦。

一个人很难检测到自己的心理活动，所以当他进行多重任务的时候，他以为自己做到了，事实上多个任务的执行效果都大打折扣。即便是习惯于执行多重任务的女性，她们的大脑也不适合这种工作模式。

执行“多重任务”的母亲，可能对亲子关系造成伤害

在电子数码产品异常丰富的今天，一个母亲更容易切换到“多重任务模式”。很多母亲知道陪伴孩子的重要性，但是当她们“陪伴”孩子的时候，从没有离开过自己的手机。手机上很多产品都是消耗心理能量的产品——无论你是在阅读文章，还是在购物，或者是看电影，这些都需要占用很多心理资源。这时，如果你的孩子尝试与你沟通，而你又想表现出在跟他沟通，会是什么结果呢?——你听见他在和你讲话，但可能你只听到了某些词语，你的反应会延迟，你会做出一些习惯性的动作，比如同意孩子做某些事情，但

其实如果经过认真思考的话你不会这么做，你在给孩子传达一些错误的信息。当你再去否认的时候，孩子会觉得你是一个不可信任的母亲。

更多的时候，你的孩子会觉得你对他心不在焉。当一个成年人尝试和你沟通的时候，如果他还在进行着别的活动，你是什么感觉——“我不被重视”。当然，你也可以表示理解，毕竟你是成年人，你的世界宽广得多。但孩子的世界却小很多，尤其在他们还比较小的时候，他们接触到的人可能只有父母。一个总在执行“多重任务”的母亲，会给孩子传递出这样的信息：我不如妈妈别的事情重要，妈妈对我很敷衍，等等。

在亲子关系中，多重任务模式可能是一种伤害性的行为。“城市词典”[1]是这样定义“多重任务”的——一种礼貌地告诉别人你并没有认真听他们讲话的方式。

多重任务模式让一个母亲在与自己的孩子相处时，不能给予孩子全然的关注。当母亲越来越习惯这种模式时，就会越来越多地采用这种模式，从而导致她和孩子之间的关系一点点地被伤害。

更为严重的是，多重任务往往会引起心理上的失衡，导致人产生焦虑感。在孩子眼中，你会变成一个焦虑的母亲，甚至会成为他们焦虑的来源。

如何避免成为“多重任务”母亲

如果你的生活中有孩子、伴侣、工作、宠物，有自己的朋友、亲人、兴趣爱好，那么你的生活一定非常忙碌。女性并非天生就是“多重任务能手”，只

1　“城市词典”是美国一个解释英语俚语词汇的在线词典。该网站每月大概有 1500 万的流量，其中 80% 的用户是 25 岁以下的年轻人。——编注

是她们不得不选择这种方法以达到平衡。当她们晋升为母亲以后，她们对养育孩子的卷入程度通常会比父亲高很多，生活中需要花费精力的事情呈几何级激增，为了防止生活彻底混乱，她们不得不在多个任务之间切换。

现状就是如此，即便母亲的大脑并非专为“多重任务”打造，她们也不得不去适应这种状态。有没有办法改善这种情况呢？答案是肯定的。让自己不要成为一个什么都在做，却什么都没做好的母亲，不妨尝试以下建议。

◆ 做计划表

将你每天要做的事情写下来，并且计划好时间，一次只做一件事情。当你处理与孩子有关的事情时，不要让别的事情打扰你。

◆ 寻求他人的帮助

你不必自己做完所有的事情。你可以请别人帮忙，比如你的丈夫。

◆ 为家人专门留出一段时间

一定要将“和家人共处一段时间”作为你每天的计划之一，这样他们才知道什么时候可以和你沟通、交流，也不必总要忧虑是否打扰了你做别的事情。

◆ 将你特别喜欢做的事情留到孩子睡着以后再进行

每一位母亲都有自己的爱好，如果你希望好好享受私人时间，请将这件事情安排到孩子休息以后。这样你就可以不被打扰地进行自己的活动，又不会让孩子觉得你所做的事情比他更重要。

◆ 预计你会被打断

计划被打断是时常发生的事情，你要为此做好一些准备。有孩子的生活总是充斥着“紧急事件”，你无法阻止它们的发生，但是可以预先设置备选方案。

05 修复“有毒”的母女关系，重新获得心理营养

如果一个对你非常重要的人对你的要求总是很苛刻，一直在找你的错误，永远不会为你开心，一旦发生了不好的事情，就开始责怪你。一天又一天，一年又一年，这种相处方式一点点地蚕食你的自信和自我价值感，摧毁你对自己所有的良好感觉，你觉得自己配不上任何好东西，也不可能完成一个目标。这个人的行为被称为“情绪虐待”。

并非每个母亲都拥有“母爱”

6年前，艾玛开始参加社区的一个团体治疗，但是效果并不好。于是，老师将她介绍给一个心理咨询师。治疗过程中，所有问题的症结都指向了她与母亲的关系。

那时，艾玛34岁了，母亲总是对她说：“亲爱的，你对我太坏了。”“亲爱的，在你眼里我做什么都不对。”“亲爱的，我做什么才能让你开心呢？”……

因为母亲常常这样说，所以艾玛真的以为自己是个坏女儿。每次母亲对她说“你对我不好”的时候，她的心里就充满了负罪感，觉得自己真的

是很差劲的人。艾玛只有尽量去满足母亲的一切要求，因为她觉得自己亏欠了母亲。每次和母亲发生争执，母亲总说："你怎么就不能理解我呢？我做这些都是为了你。"

在艾玛接受心理治疗之前，她根本不认为这些话是"洗脑"。她会用尽全力去满足母亲的需求，用尽全力去"理解她"。在这样的母女关系中，艾玛一直在向母亲证明一件事——母亲错怪她了，她是个好女儿。然而，这渐渐变成母亲对付她的"武器"，只要母亲一说艾玛对她不好，艾玛就会努力去证明母亲错了，而母亲就能得到自己想要的东西。

在艾玛最初几年的心理治疗中，她一直对咨询师强调："我心里是想对她好的，但我总是达不到她的标准。这是我的错。"

"这是你的错"，艾玛从小被母亲灌输这个念头，甚至被母亲训练到不停地寻找自己的错误和缺点。但艾玛一直没意识到这一点，她和母亲相处时如此，和别人相处亦是如此。无论遇到任何问题，艾玛都认为是自己的责任，甚至包括她和丈夫失败的婚姻，她也认为是"我的错"。

让艾玛看清自己和母亲这段关系的真相，并不是一件容易的事情。经过几年的心理治疗，艾玛终于对母亲说出了自己的想法——我不会再接受你对待我的方式，我爱你，但是我不会任你摆布。

什么样的母亲是"有毒"的

很多文化都宣扬母亲给予子女的爱是无私、纯洁、伟大的，然而，事实可能并非如此。没有一个女性天生就会爱自己的子女，她们和自己的子女发展出一段怎样的关系，跟她们自己小时候的成长环境和经历密切相关。

那些有着童年创伤或者并未在成长时期得到足够关爱的女性，极有可能和自己的孩子，尤其是女儿，发展出一段“有毒”的母女关系。

一段“有毒”的关系充斥着愤怒、情感操控和伤害，彼此给不了对方任何支持。以下几种类型的母亲，都会和女儿发展出“毒害”女儿的关系。

◆ 轻视型母亲

这样的母亲可以很好地照料女儿的生活，却无视女儿的情感需求。一个被轻视型的母亲抚养长大的女孩，无法确认自己的情感需求是否合理。她会认为自己不值得被人关注，会体验到很深的自我怀疑。她会加倍努力，尽量满足母亲的期望，做母亲的“乖孩子”，以期获得母亲的关注和赞赏。

◆ 控制型母亲

这样的母亲根本不会听女儿说了什么。比如，孩子即便不饿，她也认为孩子该吃饭了，会强迫孩子吃饭；她强迫孩子穿她买的衣服，安排孩子的一切假期，规划孩子的整个人生。她所有的控制行为都会用“我是为你好”这句话作为掩饰。

◆ 冷漠型母亲

当女儿需要母亲的爱而想要接近她时，这类母亲通常会退缩或者回避。她们不会和女儿进行身体接触，对女儿的哭泣或其他情绪不做回应。这种母亲冷漠的表现，对于孩子来说无异于遗弃。遗弃会给孩子留下一种特殊的心灵创伤，尤其是在那种认为母亲一定爱自己孩子的文化中，这种创伤的摧毁性更加严重。女儿不明白为何别的母亲都对自己的孩子充满母爱，自己的母亲却不爱自己，是不是因为自己的某些特点惹人讨厌？

如果这个女孩运气好，她可能找到另一个关爱她的家庭成员——父亲、祖父母或者姨妈等，他们与她建立起来的亲密关系，可以在一定程度上修复母爱缺失的伤害。

◆ 纠缠型母亲

跟上面两种疏远的母亲不同，纠缠型母亲正好相反，她们完全不给女儿任何私密的空间，不停地践踏女儿的界限，让她缺少身份认同。这种母亲培养出的女儿，自我感完全被吞没，只为母亲的期望而活。

◆ 不可靠型母亲

和这样的母亲相处非常困难，她们对女儿的看法总是不稳定，时而批评贬低，时而又关爱有加，让孩子感觉无所适从，不知道自己需要做什么才能赢得母亲的好感。

◆ 炫耀型母亲

这类母亲外表看起来很好，她们有魅力，讨人喜欢，照顾家庭，事业有成，她们将孩子看成自己的延续。她们操控女儿按照她们期望的方式行事，比如学习很多才艺，这样做只是为了让女儿成为她们炫耀自己能力的又一资本。

◆ 角色颠倒型母亲

这种母亲常常不把女儿看成孩子，在女儿还很小的时候，就要求她承担家务，甚至照顾自己。通常，这种母亲的孩子比较多。女儿要帮助母亲照顾弟弟、妹妹，甚至到成年以后还要继续资助家庭成员。

如何修复母女关系的创伤

◆ 接受

母亲一定也经历过某些创伤，或者没有足够的心理营养去哺育自己的孩子，只是她们自己并没意识到这一点。造成母女关系的创伤，并非完全是她的错，所以你要接受这样的母亲。

◆ 明确告诉她你的感受

比如，“我不喜欢你那样做”“你让我觉得不舒服”，等等。这时，母亲当然还是会无视你的感觉，但是你也给她传递了一个信号，即你对她的做法是什么感受。如果你的健康已经因这段关系受损，你可以暂时终止和母亲进行面对面的交流。你们的关系会因为距离变远而减少对你的负面影响。

如果你无法终止和母亲见面，那么尝试控制你们见面的环境。比如，去一个公共场合用餐，尽量少待在她能主宰的领域内。

◆ 肯定自己的选择，不要再听从她的意见

如果你感到自己无法继续忍受母亲的“毒害”，可以用“我要离开”这种话来表明你已经受够了这段关系。比如，“我不喜欢这样负面、消极的你，等你情绪好一点儿时我们再谈”。然后，迅速离开，给她留下思考的时间。

和母亲之间关系的创伤，会对一个人的一生造成影响，尤其是自信心和自我价值会受到损害，只有当你看清了这段关系，并且能够直面自己的母亲，觉察到这段关系对你人生的影响，你才有可能重新获得自信，让自

己的心灵获得营养。

如果你现在已为人母，你也会明白你与孩子的关系，尤其是与女儿的关系会怎样影响她的一生。

CHAPTER

2

参与孩子的成长，做不缺席的父亲

在抚养孩子的过程中，父亲要更多地参与其中，即便妻子不赞成丈夫的教养方式，也应该给予丈夫更多照顾孩子的机会。或许父母对于孩子不同的养育方式，正好能够弥补对方的欠缺。

01 父亲情绪健康，孩子才能健康成长

父亲是社交高手，儿子却有社交障碍

认识阿豆和他父母的人，都很难想象他们是一家人。

阿豆很宅，喜欢关着房门听摇滚，常常把声音开到震耳欲聋的程度。他的朋友不多，他不喜欢社交，情绪不太稳定，易怒暴躁。他非常聪明，认真读书的时候，成绩很好，但有时候又不认真，所以成绩会像过山车一样变化。他说每过一段时间，自己体内就聚集了一团混乱的力量，必须要释放出来，释放的时候他的整个生活会变得很混乱，黑夜、白天颠倒，没日没夜地玩游戏、看电影、听音乐，内心感到很烦躁，并且容易与人发生冲突。

阿豆没有办法长期做好一份工作，因为他一旦感觉到人际关系上的压力就会逃跑。他也没办法维持一段愉快的情感关系，因为没有女人能够忍受他的情绪暴力，很多跟他交往过的女性对他的评价就是迷人、充满魅力，另一方面又自私、冲动、情绪化、幼稚。

粗浅地了解阿豆的原生家庭，会发现其实他的原生家庭看上去不错，甚至比大部分人都好。阿豆的父母感情不错，两人在同一个单位工作。阿豆的父亲学历颇高，为人处世老练周到，所以晋升很快，并且成为集团公

司最年轻的副总经理。阿豆的母亲是父亲的同学，她是一位知书达理、温柔贤惠的妻子。为了更好地照顾这对父子的生活，母亲选择了一份比较清闲的工作。

外人对阿豆父亲的一致评价是自信、和善、健谈，阿豆对父亲的印象却是孤独、焦虑、愁眉苦脸。他说自己在童年很长一段时间内几乎完全没有见过父亲，因为晚上他睡觉以后父亲才应酬完回家，早上他起床前父亲要么已经去上班，要么还没起床。有一段时间，父亲的睡眠质量很差，可能和工作压力有关，他常常感觉父亲独自起床在书房抽烟，然后来回踱步，非常焦虑。有时周末他们会在一起，但是父亲大部分时间都在打电话或者埋头看书。再后来，周末能看见父亲的机会也开始减少。

等阿豆再大一点儿，父亲开始带着他在各类社交场合应酬，虽然他知道这是父亲想让他“见见大场面”“知道生意场上怎么应酬”，但每次看到父亲和别人谈笑风生，再联想到父亲深夜失眠，烦躁不安地在书房踱步，他就特别反感这些场合。

父亲情绪健康，孩子才能健康成长

阿豆成年后的性格与父亲有多大的相关性，其实并不容易测量。但是近些年关于父亲对孩子成长之影响的研究越来越多，结论几乎一致地反映出父亲对子女成长具有不可替代的作用。

密歇根大学发表的一篇研究论文，不仅进一步验证了父亲在孩子抚养中的“投入度”会影响孩子的发展，还发现父亲的情绪对幼儿的心理健康和成长有着直接的影响。

这项研究结果之所以重要，是因为很多人认为母亲的情绪对孩子的影响远远超过父亲，尤其是在幼儿期，父亲似乎并不如母亲重要。而且大部分家庭主要是母亲在承担抚养幼儿的责任，大部分的父亲在此期间投入度较低。然而，密歇根大学的研究却发现，如果父亲表现出明显的抚养孩子的压力和抑郁症状，幼儿的语言发展能力会受到消极影响。尤其当幼儿到3岁的时候，语言技能可能比较差。

此外，如果父亲对抚养孩子感到有压力，对儿子语言发展的消极影响大过对女儿的消极影响。即便母亲能够带来积极的影响，也不能抵消父亲的情绪对孩子的消极影响。

这项研究还发现，父亲和母亲的心理健康状态对幼儿的行为问题有相似效果，但父亲如果在孩子幼儿期出现抑郁症状，更可能影响孩子社交技能的发展，这种影响比母亲对孩子的影响更大。

那么，父亲如何才能更好地履行抚养孩子的责任呢？父亲本身身心状态良好，是给孩子提供良好成长环境的前提。在抚养子女的时候，父母时常会忘记照顾好自己。男性在抚养孩子过程中出现情绪问题的可能性并不比女性低，不过男性更可能压抑自己的情绪，并且回避压力。

所以，爸爸们，当你们发现开心地笑越来越困难的时候，为了自己，也为了孩子，请重视你的情绪健康。

02 父亲决定了女儿会不会遇到“渣男”

被家暴的巨星——蕾哈娜的故事

蕾哈娜出生于东加勒比海一个叫巴巴多斯的国家。母亲是来自南美洲法属圭亚那的会计，父亲则在一家服装厂做仓库管理员。蕾哈娜的父亲是一个酒鬼，常常对她的母亲施暴，由于不堪忍受丈夫的殴打，在蕾哈娜14岁那年，母亲选择与丈夫离婚。

家庭虽然不幸，上天却给了这个女孩一副好嗓子。一次偶然的机会，蕾哈娜被美国著名音乐制作人发现，最终由美国著名说唱歌手Jay-Z包装，成为美国最炙手可热的歌手之一。截至2016年，从饶舌到舞曲，从流行到R&B，她获得了多个格莱美奖、全美音乐奖、全英音乐奖和公告牌音乐奖奖杯。她的音乐天赋，让她成为美国家喻户晓的人物。

然而，在名利双收的时候，蕾哈娜的情感之路却一片狼藉。2009年2月，原本计划在洛杉矶为第51届格莱美奖颁奖礼献艺的蕾哈娜，在开场前突然取消演出。事后，在洛杉矶警方曝光的照片中大家才知道，蕾哈娜被男友克里斯殴打，伤势严重。这次暴力事件曝光后，蕾哈娜和克里斯分手了。那时大家才知道，这个世界一流的女歌手，竟然常常被男友殴打。

更加戏剧性的是，在所有粉丝都反对蕾哈娜和克里斯复合的时候，两人又旧情复燃。对于这次复合，蕾哈娜说："他就是我爱的那种类型，我太爱他了，而且这是种毫无保留的爱。"然而不久，蕾哈娜被克里斯殴打的事情再次被曝出。两人再次分手。

作为一个从小见证父亲殴打母亲的女孩，蕾哈娜是怎么看待男友伤害自己这件事的呢？她在《奥普拉脱口秀》上说，自己仍然爱着克里斯。因为从小见到父亲对母亲实施家庭暴力，所以她理解克里斯当时的行为，那可能只是一种寻求帮助的方式。

毫无悬念，两人不久又复合。蕾哈娜说："这完全是出于爱，所以我能不计前嫌。对于我们复合，很多不明内情的人说三道四，但我认为个人的快乐才最重要，而且我也不会让旁人的意见左右自己的决定。"

在与克里斯纠缠不清的这几年，蕾哈娜并非没有遇到更好的男性，甚至差点儿在一起，然而由于无法割舍对克里斯的感情，她选择了放弃。

父女关系对女儿的一生有怎样的影响

耶鲁大学儿童研究中心的凯尔·迪安·普鲁特（Kyle Dean Pruett）博士说，一个婴儿8周大的时候，就可以分辨出和他互动的人是男性还是女性。所以，一个几个月大的婴儿就已经在学习如何与两性相处。

父亲对女儿最大的影响表现在3个方面。

◆ 父亲影响女儿的自我价值观

维克森林大学教育和青少年心理学教授琳达·尼尔森博士，研究父女关系数十年。她说，父亲可以通过鼓励的言语和行为让女儿建立自信，她不再需要通过别的男人获得价值感。

如果女性从小就能够从一个重要的男性——父亲那里得到肯定和认可，她就不会拼命想从别的男人那里得到肯定和认可，因为她已经拥有了。

研究表明，一个拥有理想父爱的女性，较少会出现饮食障碍和行为问题，也不容易患上抑郁症。父亲教会女儿的道理是，即便没有男人，女性也能使自己快乐——她自己就已足够完整。

当然，并非所有父亲都是充满慈爱的，有些父亲很挑剔，有些没有责任心，有些很自私，等等。所有这些人格缺陷，都会使女儿缺失正常的父爱。

◆ 父亲塑造女儿未来的亲密关系

最初的依恋模式，塑造了人们对未来依恋模式的期待。父母总在无意识中教会孩子如何表达和接受爱，如何处理分歧，如何表达感受，如何看待人与人之间的各种互动。无论是错是对，有益或有害，孩子最初都只能学习父母的人际关系模式。

通常，女性接触到的第一个她爱的男性，就是自己的父亲，与父亲的关系会影响她对未来亲密关系的期待，她会在无意识中将伴侣与自己的父亲对比，甚至可能期待从他那里得到“父亲般的爱”。

有的女性说，我讨厌自己的父亲，我选择的伴侣都和父亲完全相反——然而她们没有意识到，一个“完全相反”的选择，也是基于自己的父亲做出的选择。

一个缺乏父爱的女性，永远想要填补这一空缺。她总想寻找一个时时刻刻都关注自己的男性，因此很难发展出一段充满信任的关系。当一段关系已经变得有害，她也很难离开，即便受到身体或者精神上的虐待，她也愿意继续留在那段关系中——有些人会因为关系的终结而受到巨大打击，甚至精神崩溃。因为对这类女性来说，她离开的并不是一个伴侣，而是她内心“小孩”的父亲。一段关系的终结，会让她的自我评价更低。

一个对家庭充满责任，尊重、爱护自己妻子的丈夫，在无意识中为女儿设立了丈夫的标准。女性如果建立起“在一段关系中，男性应该怎样尊重女性、爱护女性”的标准，她是不太可能找一个对女性不尊重、不爱护的男性的，即便暂时被吸引，也会很快离开，不会纠缠不休。

缺失父爱的女性，更容易过早和男性发生性行为。她们选择的伴侣往往也会很糟糕。如同饿着肚子走进超市的人，很可能会买回来一堆垃圾食品一样，对父爱饥渴的女性，感情史上也总会充满一堆“渣男”——她们会被肤浅的关系吸引，却渴望从中寻找温暖、真诚或者尊重。

◆ 父亲影响女儿与男性交流的方式

父亲不仅给女儿提供了一个伴侣的模板，还让女儿知道怎样与异性进行交流。琳达·尼尔森博士说，在女性怎样与男性交流的问题上，父亲比母亲的作用更大。

那些拥有高质量父爱的女性，更加开朗自信，她们不会在男性群体中感觉害羞和不自然，她们坦率真诚，敢于接受职场和人生的挑战。换句话说，她们的内心更有力量。

对于女性而言，父爱缺失或者缺乏，会给她的心灵带来创伤，这种创伤会破坏她的自我价值感，影响她未来和男性的关系。难以和男性维持一段理想的关系，也会对她的婚姻造成损害，在这样的婚姻中成长起来的孩子，也可能会变得和母亲一样——缺失父爱或者和父亲关系不好。

成年女性如何才能弥补内心缺失的父爱

琳达·尼尔森博士给出了以下建议：

首先，你需要知道缺少高质量的父女关系会对你造成什么影响。一旦你发现自己在努力填补那种需求，你就要意识到自己处于危险的状态中。

其次，努力对抗那些威胁你亲密关系的行为。琳达·尼尔森博士说："你没办法改变自己的行为倾向，但这并不意味着你该任由它发展成一种行为。"如果你发现自己总被某种"危险"的男性所吸引，你就要拒绝和这个男性陷入一段关系。

再次，通过学习或者寻求其他资源，比如心理咨询、婚姻咨询等，解决如何建立亲密关系的问题。

最后，要敢于求助。不要害怕将你的弱点告诉你的男朋友或丈夫，当你决定疗愈过去的创伤时，可以向他寻求帮助，请他多给你点儿耐心。

03 参与孩子的成长，做不缺席的父亲

孩子叛逆，父亲却认为跟自己没关系

一个朋友突然找到我，说有急事咨询，十万火急，事关人命。这个朋友是家上市公司的高管，工作很忙，每个月有一两个星期都在外地出差。因为他太忙，我们的联系其实很少。

我一直觉得这位朋友是人生赢家，收入高、社会地位高，妻子美丽贤惠，将家人照顾得非常好。他有一个儿子，从小很懂事，成绩也一直很好，还考上了重点中学。他时常骄傲地告诉我们，儿子从来没让他操过心。

我们本来约好了见面，可是临近见面时间，他又打电话说，公司有一个项目需要他去处理，晚上要赶去另一个城市，只能电话先简短沟通一下。他说儿子出了点儿问题。儿子进了高中以后，成绩越来越差，前段时间他听妻子说，还逃了几次课。可即便这样，他也没怎么管，与学校沟通、管理孩子的事情基本上还是妻子在负责。

“我没时间。”朋友说，“再说有他妈在，需要钱、需要心理治疗或者需要请老师补课，都没问题。”

朋友说，孩子从小就是妻子在管，妻子之前管得很好，孩子身体健

康，学习成绩又好，所以他很少过问孩子的事情。他认为男人就应该努力赚钱，给妻儿提供最好的物质生活，让他们活得有尊严。而且即便他偶尔想管一下儿子，妻子不仅不放心，还有很多意见。所以，对孩子的生活和学习，他干脆撒手不管，没有给孩子买过一件衣服，甚少陪孩子旅行，没有参加过一次家长会。

他说自己并非不管孩子，只是不管孩子的生活琐事，他已经为孩子规划好大的人生方向，高中毕业就出国留学，学成归来可以进入自己的公司或者兄弟公司，在他退休之前，他会好好栽培孩子。

直到老师找到他和妻子，他才知道儿子的问题并不仅仅是学习成绩变差和逃课那么简单。儿子在高一谈了个女朋友，不久之后这个女孩转学了，但两人还一直保持联系，孩子逃课其实就是去找这个女孩。老师和女孩联系过后，还知道了一个惊悚的消息——男孩多次告诉女孩觉得生活很没意思，觉得自己没什么用，想自杀。

听到这里，这个爸爸简直觉得不可思议——为什么儿子会觉得生活没意思？他要什么家里都能满足他，他的人生前途无量。

后来朋友又了解到，儿子的女朋友生活在一个再婚家庭中。她的母亲和第二任丈夫又生了一个小孩，这个女孩感觉自己像是多余的人，所以她也想过自杀，两人甚至还谈论过如何一起自杀。

知道这些情况之后，朋友简直要气炸了，他认为是那个女孩带坏了自己的儿子。他还将妻子责骂一顿，认为是妻子没有照顾好孩子，竟然让孩子有了自杀的想法。

我问他："你觉得孩子变成这样是什么原因导致的？"

他说："叛逆期嘛，又交友不慎，被带坏了。"

这真的只是孩子的女朋友或者孩子母亲的问题吗？

与父亲的关系，对青少年影响巨大

一个朋友发了一篇文章给我，文章的标题是《缺失的父亲+焦虑的母亲=中国式家庭》，文章援引了一份对3～6岁幼儿的父亲的调查，对北京市的调查结果发现：80%的父亲认为自己工作忙，没有时间与孩子交往。对天津市的调查结果显示：一半以上的家庭存在父亲“缺位”的情况，母亲是子女教育的绝对主角。

其实，即便不做调查，这种普遍的家庭现象也显而易见。我的公众号后台时常有家长问各种各样的问题，这么多问题中只有一个问题是父亲问的，而这个父亲还是一个单身爸爸，不得不独自承担起照顾孩子的责任。

父亲对孩子成长参与度这么低，是否说明父亲对孩子的成长影响小？或者说不如母亲对孩子的影响大？

加州大学调查了13～16岁青少年的心理健康问题后发现，认为自己对父亲来说不重要的青少年，更可能出现心理问题。同时还发现，孩子认为自己对父亲来说很重要，比孩子认为自己对母亲来说很重要的积极作用更大。

剑桥大学一项研究还显示，如果父母组成再婚家庭，孩子觉得自己对继父来说很重要，也会对他的心理健康很有好处。

关于为什么和父亲的关系会对青少年的心理健康影响更大，目前研究者还不能找到确切的解释。但他们认为，如果母亲和孩子关系太亲密，甚至变成一种纠缠关系的时候，很可能是夫妻关系出现问题的一种征兆。妻子开始向孩子靠近，将丈夫推开，而丈夫为了逃避和妻子婚姻关系中的问题，也乐意疏远家庭和孩子。如果是这种情况，其实孩子是生活在父母婚姻有问题的家庭中，这种家庭环境可能才是影响孩子心理健康的主要原因。

康涅狄格大学的罗纳（Rohner）教授和维内齐诺（Veneziano）教授研究发现，父亲给予孩子的爱、对孩子成长的参与，会给孩子带来独一无二的影响，这种影响与母亲对孩子成长的参与并不相同。

还有研究发现，父亲对于孩子的爱与母亲对于孩子的爱是各自独立的，而且父亲对孩子成长的参与，会让母亲对孩子成长的参与度变得更加适当。

这些研究也可以给单亲母亲一些启发，她们大可不必为了孩子而不再走入婚姻生活，如果孩子的继父能够重视这个孩子，重组家庭或许比母亲单独抚养对孩子的成长更加有利。

夫妻关系大于亲子关系

青少年认为自己对父亲重要，对他们心理健康有更积极的效果，这并非否认母亲的重要性，反而说明父母两种角色对孩子的成长各有各的作用。

更重要的是，父亲参与到孩子成长中，不仅对孩子有重大意义，对于妻子也有着积极的意义。抚育孩子并不是一件容易的事情，如果母亲要承担起照顾孩子的绝大部分责任，她将会变得很焦虑，并且将精力转向孩子，从而忽略掉丈夫。丈夫如果习惯了将抚养孩子的责任推卸给妻子，他将会离家庭越来越远。一个家庭中第一位的关系应该是夫妻关系，如果夫妻关系出现问题，亲子关系也很可能出现问题。

就我个人的成长经历来看，我也觉得父母之爱不太一样。我的家庭和大多数中国家庭一样，母亲对于孩子成长的参与程度远远超过父亲，很多人有关“温馨”的回忆大多数和母亲有关，而“快乐”的回忆却和父亲有关。当我还不能独立承担生活责任，却又要面临人生比较大的选择时，我内心更加渴望听到父亲的意见。如果此时父亲对我说“你自己决定吧，无论你做什么决定，我都会支持”，我并没有感觉自由，反而觉得有点儿失望。

在抚养孩子的过程中，父亲要更多地参与其中，即便妻子不赞成丈夫的教养方式，也应该给予丈夫更多照顾孩子的机会。或许父母对于孩子不同的养育方式，正好能够弥补对方的欠缺。

CHAPTER

3

从你开始，
摆脱原生家庭的世代桎梏

父母在抚养孩子的过程中，一定要保持一丝觉察——孩子并不是你童年的替身，他们有自己全新的生命和全新的人格，你当年未满足的需求，未必是他的需求；而你当年经历过的伤害，从他那里永远不可能得到真正的补偿。

01 改善家庭关系，从拥抱开始

200次拥抱的力量

这是一个心理治疗师自述的故事。

我正在做一次全国巡回演讲的时候，母亲突然打电话给我，说父亲被查出癌症晚期。我急忙暂停演讲计划，收拾行李，准备去看望父亲。

我买到了当天最晚一班去父母所在城市的航班，大概4个小时以后就能回到家中。在飞机上，我回忆了我的家庭和我的成长经历。

我父亲的一生，是充满了抱怨和挫折的一生。他很聪明，然而怀才不遇，事业几经波折却并未成功；他和母亲的婚姻也非常不幸——总是吵架，或者相互冷战，我不明白上帝为何偏偏要把两个“敌人”绑在一起生活。父母这种不和谐的婚姻对我的伤害非常大，每当他们彼此怨怼的时候，我就会在心里默念：“上帝啊，请让我能活过这个时刻吧。”

虽然我爱我的父母，但是我心里对他们充满怨恨——我受够了和他们在一起的生活，我要离开。当我长大以后，我选择了离开父母，到另一个城市工作和生活。我对婚姻充满了恐惧与不屑，不论我多么爱一个女人，我都不会和她走入婚姻。

工作以后，我和父母的联系也非常稀疏，如果我去他们所在的城市出差，我会找时间和他们吃顿饭，平时每周打个电话给他们。仅此而已。

当母亲告诉我医生说父亲大概只能再活4个月的时候，我非常震惊——我从没想到父亲会突然离开我，虽然我不愿意和他一起生活，但我还没有准备好和他告别。

当我走进医院时，突然有一种强烈的感觉——我想要和父亲连接，我想要重新和我的家庭连接，这也许是我最后的机会。作为一个心理学专业人士，我非常清楚家人之间强烈的情感连接对家庭成员的生命有多大的作用。我为很多客户做家庭治疗，然而我却不愿触碰自己家庭的创伤。这一次，我为自己设立了一个意愿——我想为我的家庭和我的父母做出改变。

和父亲共度几天以后，我对父亲说："爸爸，我能感觉到你很难受。现在我很内疚，之前我对你和妈妈太疏远了，但是我真的很爱你们。我怕我来不及告诉你了。"我凑近他，准备给他一个拥抱。当我伸出双手准备拥抱他的时候，我看到他在往后缩，脸上表现出厌恶的表情。

父亲是德国人，在他的文化中，不赞成男性表达内心感受，任何情绪和爱的表达都会被看成一种软弱。为了"做个男人"，他关掉了自己所有感情的闸门。那一瞬间我心里挫败极了，我很想对他说："我根本不需要做这些，你知道吗？如果你还打算继续对我这样冷酷，那就这样吧。"但我深呼吸了一下，仍然用双臂拥抱着他，说："好了老爸，我真想给你个拥抱。你不打算抱抱我吗？"

我感觉到他浑身都僵硬了，他缓缓地将双臂搁在我背上。我得寸进尺地说："老爸，来，抱紧点儿。对，就这样。再紧点儿，好吗？非常好。谢谢你，老爸。这样就可以了。"

第一次拥抱完之后，我看老爸的表情尴尬极了，他推辞说自己累了，想睡觉。我就离开了病房。

在我小的时候，父亲教给我很多知识，唯独没有教我如何表达情感。而现在，我打算教父亲一个人与人之间最重要的动作——拥抱。当他抱紧我的时候，其实一件神奇的事情就在我们之间发生了，那种我们父子深爱彼此的情感开始慢慢萌芽。在过去的很多年里，我们见面只是打个招呼，一起吃饭却无话可说，那种隔阂在我们之间越来越大，以至于第一次拥抱的时候我们都很尴尬。

但我已经下定决心要成为我的家庭中爱的资源，我不再要求父母给予我爱，我要给他们爱，给他们示范如何表达爱。

从那天开始，我每天都会拥抱父亲好几次。刚开始几个星期，他一直不习惯，他甚至对我说："够了，够了，我还要和你玩这个游戏玩多久？"后来，他对我母亲说："噢，看看你儿子，他又要来抱我了。好吧。"再到最后，我们可以自然地拥抱，通过拥抱感受对对方最深的爱，我们可以拥抱着讲话。

从我第一次拥抱父亲，到最后我们都享受彼此的拥抱，我拥抱了他200多次。他这次生病，为我们整个家庭的关系提供了一次转机。在照顾他的过程中，我们的家庭因为互相怨恨、压抑爱和愤怒而造成的创伤开始愈合。

神奇的是，我父亲的癌症并没有按照医生预言的速度发展。半年后他出院了，在身体状态好的时候，他开始和我母亲去旅行，或者来我居住的城市探望我，有时还会参加我的课程。我们的家庭关系从来没有像父亲最后这几年这样好，我们习惯了拥抱对方，他也开始拥抱我的母亲——几十年后，他们又找回了当初那种彼此相爱的感觉，甚至更加相爱。

我父亲又活了4年，在这4年中，他感受到了来自家人和世界最温暖的爱，他也开始表达和给予别人爱，他的情感就像一株茂盛的树，充分地汲取养分，又为这个世界贡献着自己。

然而，生命得到滋养的不仅仅是父亲，还包括我——在这几年里，我对婚姻的恐惧感也渐渐缓解，开始了一段认真的情感关系。

关于“拥抱”的研究

人类需要连接才会快乐，身体连接是人类一切连接的基础。触感是我们出生时唯一发展得最全面的感觉，它是人类发展其他感觉的基础，人类会采用身体接触来传递信息。如果说语言是后天习得的信息传递技能，触感便是我们与生俱来的信息传递技能。

触感对于信息传递到底有多可靠呢？2009年，心理学教授马修·赫坦斯登（Matthew Hertenstein）招募了一群志愿者，让他们去寻找一些陌生人，通过触碰传递出自己的情绪。然后，志愿者再询问陌生人，他们是否可以准确接收自己的情绪。在这次试验中，大概有78%的情绪（无论是愤怒、恐惧、厌恶、爱、感激、同情、快乐或者悲伤）都能准确被感知。

那么，除了传递情绪，触碰还有别的作用吗？美国加利福尼亚大学心理学教授索尼娅·柳博米尔斯基（Sonja Lyubomirshy）教授曾有一个研究，她将学生分成两组，给一组学生一天至少5次拥抱，持续一个月，另一组则没有。一个月后，她发现获得拥抱的那组学生感觉更加快乐。

谢尔顿·科恩（Sheldon Cohen）是一位专门研究压力与疾病关系的教授，他在2014年的一次研究中发现，更多的社会支持以及更频繁的拥抱，可以保护人们更少患上与压力有关的疾病，比如心脏病、高血压甚至癌症。

如此说来，人与人之间的肢体接触，尤其是拥抱，可以对人产生积极的影响。

拥抱在家庭中有多重要

拥抱是人类天生的习惯，然而在很多文化中，拥抱并不是一种被鼓励的行为。

在中国的传统文化中，家庭中并不存在拥抱的习惯。和所有情感表达的行为一样，如果一个人在成长过程中并未和父母建立起拥抱的习惯，拥抱这种行为就会在家庭中消失。情绪表达的通道消失之后，一个家庭中的各类情绪都会被压抑，消极情绪的压抑可能会转换成怨恨，而积极情绪的压抑会使人们疏远。在一个家庭中，情绪表达通道越畅通，家庭成员之间的关系就越融洽。

如果父母能够从小帮助孩子养成拥抱的习惯，就是帮他建立了一个非常有效的情绪沟通通道，这个通道对他与家庭成员的关系有积极效果。更重要的是，当一个人形成某种习惯以后，他会将这种习惯传递给自己的后代。

所以，如果拥抱这一行为成为孩子的习惯，它将如同传家宝一样在家族后代中被传递下去。

如果你已经是成年人，拥抱并不是你和家人的习惯，而你又想改善与父母的关系，可以尝试从建立拥抱这一行为开始，就如同文章开头故事的主人公那样，为你的家庭建立这个传统。拥抱这个习惯的建立并不难，因为肢体接触是人类天生的需求，只是很多时候被后天的规范关闭了而已。

02 你是在养育孩子，还是在补偿童年的自己

一个为孩子创造“美好童年”的母亲

贝丝最近在和丈夫赌气。她正在筹备女儿6岁的生日，而丈夫觉得她简直挥霍无度。

贝丝是一家财经杂志的编辑，而丈夫是证券公司高管，两人每年收入可观。贝丝并不觉得这样的消费会给家庭经济带来太大影响，她愿意给女儿一切最好的东西。从女儿出生以后，贝丝给女儿买的生活用品全是高档的奢侈品，并且每年都会给女儿筹备一次豪华的生日宴会，近几年更是请了专业的生日策划公司。

丈夫一开始还愿意配合贝丝，毕竟任何父母都愿意给子女最好的东西。但是丈夫渐渐开始吃不消，贝丝在“抚养”孩子方面的特殊热情让丈夫非常疲倦，有时丈夫提出反对意见，认为对小孩子完全没必要如此浪费，贝丝就会责怪丈夫一点儿不关心孩子的快乐和幸福，甚至指责丈夫太过自私，不理解美好的童年回忆对一个人多么重要。渐渐地，对于抚养孩子这件事，丈夫完全无法插手，贝丝就像一只母鸡似的，将孩子牢牢护在自己身下。

贝丝之所以对孩子如此费心，是因为她自己有一个充满遗憾的童年。

贝丝曾经是一个弃婴。一对中年夫妇收养了她，但是这对夫妇的经济条件并不好，他们自己还有一个残疾的儿子。在贝丝的记忆中，自己只有一个破旧的小熊玩具，从来没有穿过新衣服。有一段时间，她每个月和父亲一起领取救济金。上学之后，贝丝常常在时装店橱窗前徘徊，盯着那些漂亮的衣服和鞋子看上好半天。贝丝的养父母对贝丝并不差，他们对贝丝的教育非常严格，养母对贝丝最大的希望就是她能够成为一个医生或律师。即便生活如此拮据，两人还是努力为贝丝积攒读大学的学费。但养父母已经没有更多的精力好好关爱贝丝，他们还要照顾自己残疾的儿子。

贝丝并没辜负养父母的期望，在以优异的成绩从大学毕业以后，她进入了一家证券公司工作，后来又加入一家财经杂志做主编。贫寒的童年似乎并未对她造成不良的影响，相反还激励着她过上更好的生活。贝丝也常常被一些女性励志节目邀请，鼓励女孩子要把握好自己的未来。

然而，在贝丝女儿出生以后，她童年尘封的记忆仿佛被一层层撕开了厚厚的包装纸，再次清晰起来。

每一次为女儿买新衣服时，她就会默默地想，我当年要是能穿上这件衣服该有多好，女孩就应该穿这样的衣服，真是美极了！每一次和丈夫带孩子出去玩的时候，她也会回忆起童年，想到自己从不曾和父母有过这些时光——父母总是忙于生计或者照顾哥哥，对待她的管教方式也很粗暴。

她热衷于为孩子筹办一次又一次的纪念会，热衷于给孩子拍照，她希望孩子每一个阶段都有美好的回忆。贝丝非常清楚地记得，小学时她和班里一个女孩同一天生日。有一年，那个女孩的父母在家为她举办了一次生日宴会，几乎邀请了全班同学。那天贝丝吃到很多蛋糕，以及女孩妈妈亲手做的美食，但是贝丝却不敢告诉任何人，其实自己也是在这一天过生日。她看到很多人送女孩生日礼物，忍不住偷偷藏了一个放在书包里，而这一切恰巧被同班的一个男孩看见了，男孩大声嚷嚷起来，结果所有人都知道了她偷东西的事。女孩的母亲虽然善良地将贝丝藏起来的礼物送给了她，但从此以后没人再邀请贝丝参加任何聚会。当天被当众羞辱的感觉，直到多年以后才慢慢淡去。

当自己孩子过生日的时候，贝丝几乎想把世界上最好的礼物全部塞给孩子，那些奢侈的生日宴会，不过是她心里那个屈辱的小女孩想向所有人宣布——你看，我可以拥有最好的礼物了！我不会再拿人家的东西，这些全是我的！

很多人心灵的成长，未必跟上年龄的步伐

贝丝的情况并不是个例。很多父母在抚养孩子的时候，童年的记忆就会被触发。往往孩子的一句话或者与孩子相处的一个场景，就会激活他们心中的某种情感。而这种情感，会让父母退回到儿童时期，表现出与年龄不相称的行为和情绪，甚至完全不顾及当下的情况。

一个学生时代有着音乐梦想的母亲，可能会执着地让孩子学习乐器；一个小时候曾被同学欺凌过的父亲，听说孩子被欺负的时候可能会反应过度。为什么会这样？人类心理的发展与身体的发展有一些差异，身体往往会随着年龄增长而愈渐成熟，但是心理的发展却可能因为受到某个创伤事件的阻碍而停滞下来。这种心理发展的停滞往往很隐秘，只有当类似情景再度出现的时候才可能被激活。也就是说，如果童年发生的某一个事件没有被处理好，当事人再度经历类似的情景时，就会出现孩童般的行为、想法和情感。这样的情况很容易出现在抚养孩子的父母身上，因为孩子的成

长过程往往会引发他们关于自己童年时期的回忆。如果那些回忆中有创伤、遗憾，很多父母会有意无意想要弥补这种遗憾，或者逃避创伤。

童年未能得到父母足够关爱的孩子，除了会对自己的孩子过度溺爱，也可能会对孩子的需求表现冷漠——一如当年父母对待自己的方式一样。其实对孩子过度溺爱的贝丝，在溺爱孩子的表象下面，是一种冷漠的态度。她为孩子精心准备的一切，完全是按照自己的期待在筹划，从来没有问过孩子的感受以及孩子真正需要的是什么，从来不给孩子自由选择的机会。她的女儿只是她的傀儡，替代她过她没有过上的童年。

别让孩子替你过童年

一个人要完全把孩提时代的往事统统抛掉，是非常困难的事情。尤其是那些备受冷落、伤害和羞辱的经历，会在一个人心里留下刻痕。这种刻痕性的事件也许会被记忆淡忘，比如一个人可能会忘记这件事情的很多细节，但感觉还是会保留在身体中。一旦被触发，那种感觉就会把一个成年人拖入童年的状态。

成长的过程并不容易，很多人都受到过或多或少的伤害，某些伤害或许留下过未能觉察的痕迹，阻碍着他们全面走入下一个发展阶段。更有甚者，可能在成长的道路上遗失了某个重要的里程碑，漏掉了整个发育的阶段。所以，当为人父母的时候，有些人会设法做自己童年时代憧憬的父母，以补偿自己的童年，让孩子不再经历自己当时受到的伤害。

那些对自己补偿欲望越大的父母，越可能会忽视孩子的需求，无视孩子真实的感受。最常见的例子就是逼迫孩子吃饭，小时候饱受饥饿之苦的父母，可能总会逼着孩子吃很多东西，他们总觉得孩子会饿，乐于看见孩子吃东西。但这样真的对孩子好吗？孩子真的需要这么多食物吗？其实并不是孩子需要，而是父母对饥饿的恐惧导致他们让孩子“替自己吃”。

父母在抚养孩子的过程中，一定要保持一丝觉察——孩子并不是你童年的替身，他们有自己全新的生命和全新的人格，你当年未满足的需求，未必是他的需求；而你当年经历过的伤害，从他那里永远不可能得到真正的补偿。

03 童年经历如何影响你为人父母的方式

有了孩子之后，父母会更加关注未来。但是在抚养孩子的过程中，很多人却难以逃脱童年时期的一些羁绊。一个人想要成为好爸爸或好妈妈，就需要对自己孩童时期的经历有深入的认识。

一个人在童年时期经历了多少困苦，遭遇了多少创伤，都不重要，重要的是在经历这些痛苦的时候，对痛苦的感受程度有多深。每一个人都会根据自己对童年的感受，创造出一个与这种感受相匹配的故事。一个生活贫苦的农村孩子，成年后回忆起童年的时候未必觉得辛苦，虽然物质不甚丰富，但关于童年的记忆可能是山花烂漫、平静安宁，有慈祥的祖父或者祖母陪伴，在傍晚的余晖中等待干农活儿的父母回家吃饭。而一个衣食无忧的富裕家庭的孩子，可能因为父母感情不和或者父母工作繁忙而缺少陪伴，从而对童年的感觉总是充满惊慌或者恐惧。

为人父母的时候，童年的感觉可能还会出现，就像脸上的伤口虽然已经愈合，但是潜意识中它并没有消除一样。很多人会将自己做孩子时的感受投射到自己的孩子身上，将孩子看成曾经的自己。童年的经历，往往会用以下6种方式，影响一个人如何为人父母。

◆ 模仿自己的父母

每个人都会从父母那里继承一些好的特质，但也可能会在抚养孩子的过程中重复自己的父母不当的教养方式，比如打孩子等。很多父母会为自己打孩子的行为辩护，其中一个借口就是“我的父母也是这样对我的”。如果一个人总是模仿自己父母的方式来养育孩子，其实是把孩子当成了自己。而孩子长大以后，可能也会用同样的方式来对待他们的孩子。让这个借口在你这里打住，不要再代代相传。

◆ 反应过度

如果一个人在童年时期有一些不太好的经历，他可能会在抚养孩子的过程中下意识地想要补偿自己的过去，或者借此来否定父母对待自己的方式，采用与父母完全相反的方式去抚养自己的孩子。

不希望孩子遭受自己当年的痛苦，这个初心当然是好的，但是很多父母会因此而反应过度。如果一个人的父母曾经对他管理过于严格，那么他在抚养孩子的过程中可能会过于放纵孩子；如果他的父母在成长过程中经常无视他，他可能会时时刻刻想将孩子置于自己的监管之下。这些抚养方式并不是基于对孩子好的标准，而是基于一个人对自己经历的一种反应。

◆ 投射

很多父母会将孩子看成自己的延续，将自己没有实现的梦想或者兴趣强加在孩子身上，从而忽视掉孩子是一个独立的个体。这样的父母并不是在抚养孩子，而是在抚养“曾经的自己”。

◆ 防御

人们会采用心理防御机制去应对生活中不舒服的处境。在童年时期为了帮助自己适应环境构建出的心理防御机制，可能会延续一生。但是这些防御机制可能在成年后失效，甚至对一个人造成阻碍，尤其是当他为人父母的时候。

比如，某人的父母总是否定他，或者工作太忙无法给予他足够的照顾和关爱，他可能会习惯于自己想办法满足自己的心理需求，而不去向父母要。这种自给自足的方式在这个人童年时期是一种自我保护，但是成年后却可能会影响他的亲密关系。他可能很难向别人敞开心扉，当他抚养孩子的时候，也会理所当然地认为孩子应该自己去满足自己的心理需求。

◆ 被触发

有时，当下的某个情景可能会触发一个人回忆起曾经的一段痛苦经历，使得他心中的某种情绪会突然被激活，从而表现得不再像一个成年人，或者不再像自己。比如，孩子的同学可能忘记邀请他参加聚会，父母却突然大发雷霆，认为孩子受到了极不公平的待遇。其实，问题可能并没这么严重，只是父母小时候曾经被同学排斥的情感被激活了。

◆ 听到批判的内在声音

当我们将父母对我们的消极态度或者他们对自己的消极态度内化为我们对自己的看法时，批判的内在声音就开始形成。

比如，当孩子展现出对绘画或者音乐的兴趣时，有些父母可能会教导孩子："我们家的人都没有艺术细胞，你别做这些浪费时间的事情。"那么，孩子就会把这种观点内化到自己的心里，每当遇到可以发展他艺术天分的机会时，他内心就会有个声音对自己说：我没有这种细胞。然后，他会刻意回避这样的机会，最终他离这个领域越来越远，并且"证实"了父母的说法——我们家的人都没有艺术细胞。

如果一个人小时候总是被父母责怪“无法照顾自己”，当他开始抚养自己孩子的时候，这样的声音可能就会出现：“你自己都照顾不了，怎么照顾一个孩子？”

了解自己，让自己曾经经历过的所有好的或者不好的过往都具备各自的意义，可以帮助一个人在抚养孩子的时候分辨“曾经的自己”与孩子的区别。当你越来越了解自己，那些限制了你的不好经历，就会对你的影响越来越小，你更有可能成为自己一直期待成为的人。尤其是当你想要成为好父母的时候，时常回顾自己童年的经历，会让你更加明白你现在的特质是如何形成的。

04 重组家庭中，继父母如何与孩子相处

重组家庭会对孩子产生哪些影响

很多重组家庭在刚开始几年，甚至在婚姻持续的整个时期，一直面临继父母难以与子女融洽相处的问题。

为什么难以相处呢？要回答这个问题，首先要知道重组家庭对孩子会产生什么影响。

大多数研究发现，孩子的自尊感在不同结构家庭中并没有太大差异。在孩子学业成绩上的研究却存在争议，有研究发现，重组家庭的孩子成绩更差，容易辍学；而另一些研究却没发现这种差异。

重组家庭中的孩子常常会感到生活的压力，或者对新家庭适应不良，因此他们对同伴关系更加依赖，也更容易感受到同伴的压力。

还有研究发现，女孩对重组家庭的适应能力普遍低于男孩，父母也发现女孩更容易出现消极的情绪和行为。

此外，重组家庭中，孩子倾向于更早离开家独立生活。

密歇根大学的宝拉·丰比（Paula Fomby）经研究发现，如果孩子的母亲有过多个伴侣，并且孩子和同母异父或者同父异母的兄弟姐妹们生活在一起，在童年阶段更容易出现行为问题。

虽说孩子在重组家庭中会面临很多压力，但是几年之后再对这些孩子进行调查发现，他们的偏差行为减少，压力感也降低，这说明孩子可以慢慢适应父母婚姻的变化。

一些心理学家透过家庭结构问题来看待孩子的行为，他们认为，对孩子行为影响最根本的因素是父母的教养风格、亲子间的互动以及夫妻的情感状况。

婚内冲突少、积极健康的夫妻关系可以提高孩子的适应能力，这也是一些孩子在离开自己的亲生父亲或者母亲进入新家庭之后，反而获得更加良好成长的原因。因为自己的生父或生母与新的伴侣相处融洽，在这样融洽的生活环境中，孩子反而能够获得更好的成长。

年龄也是影响孩子适应能力的因素之一。青少年对新家庭的适应情况比岁数小的孩子更差，这很可能是因为青少年本来就处于人生一个比较快速的发展阶段中，适应新的环境让他们感到很大的压力，并且此时他们处于想独立的阶段，因此更愿意向同伴寻求支持，不太愿意主动与新家庭建立连接。

继父母如何才能与子女融洽相处

平衡重组家庭是一件非常困难的事情，很多人并不清楚第二段婚姻与第一段的差别——第一段婚姻主要是处理夫妻关系，而第二段婚姻有伴侣的孩子卷入。

最好的重组家庭就是确保每个人都在这个家庭中有自己的位置。在一个重组家庭建立之初，每个人的角色都变了，所有的孩子都会思考自己在这个新系统中的位置。如果他们发现自己根本没位置，或者有人抢夺了他们的地位，他们就会出现问题。

戈登·泰勒是美国的重组家庭研究专家，他为继父、继母们总结了5条建议。

第一，服从孩子的生父或生母。在新的家庭中，如果孩子表现出不好的行为，让孩子的生父或生母去判断和解决，你只需要支持他们的决定就好。

重组家庭中，父母和继子、继女的关系需要时间去建立，当你支持孩子生父或生母的做法（即便你并不认同）时，你和孩子的关系也能够更快建立起来。

第二，别和孩子的亲生父母竞争。别尝试做得比继子或继女的亲生父母更好，不管你怎么看孩子的亲生父母，不管你多么不认同他们的养育方式，都要去认同并且肯定他们曾经对孩子的付出。你需要牢记，无论多么努力，都没人能超越血缘之间的连接。

有些继父母总想抚平孩子的伤痛，这种努力并不一定有好的效果。继父母只需要出现在孩子的生活中，但别尝试着“抚慰孩子的伤痛”或者和他的生父生母竞争“谁表现得更好”。

第三，发现孩子的兴趣。发现孩子对什么感兴趣，如果你正好也对这方面感兴趣，你们可以从这个领域发展出一段友谊。你对自己的定位最好是孩子的朋友，或者一个关爱孩子的叔叔、阿姨，总之，别一开始就把自己放在孩子的“父母”这个角色上。

章子怡就是这样做的，她在评价自己和继女的关系时说：“我跟熙熙之间的关系更像是好朋友，她身边最近的朋友，她最信任的朋友，无论她遇到什么样的问题，她都会非常直接地告诉我，我也会想尽一切方法帮她解决。”

第四，适当离开。给你的伴侣与自己的孩子单独相处的时间，这可以减少孩子觉得自己“被替代”的失落感。当孩子能够单独和亲生父母在一起时，他们会感到自己并没失去父母的爱，也就更容易接受新的家庭。

第五，即便不喜欢自己的继子或继女，也要表现出有爱意的行为。有些重组家庭的夫妻会感到愧疚，因为他们并不爱自己的继子或继女。这非常正常，就像你的继子或继女也不一定爱你一样，他们甚至还很讨厌你。接受自己和他们没有感情也不爱他们的事实，但你可以对他们表现出有爱意的行为。当你进入一个新的工作环境时，你也知道如何对陌生的同事示好，但你可能对他们并没有什么感情。

最后，你需要知道，在亲生父母离婚的过程中，孩子经历的痛苦你很难想象，这种痛苦的能量可能会被他们带入新的家庭中，这种能量可能会以破坏性的行为出现。最好的办法是尽量理解并且倾听孩子，随着时间的流逝，孩子会渐渐适应新的家庭和环境，当他发现你并不具有威胁甚至还充满爱意的时候，你们的关系就会越来越好，你们之间的感情也会慢慢建立。

05 父母各自赋予孩子哪些品质

天才也逃不过母爱缺位之伤

列奥纳多·达·芬奇是一个私生子。他的父亲是一位公证人，有自己的产业。而他的生母却是一位农妇，受雇于父亲的家庭。即便已生育了一个孩子，这个女人也不可能嫁给达·芬奇的父亲。那个时候，跨越阶级的婚姻是禁忌。

达·芬奇从小就显示出许多与同龄孩子不一样的天赋，他对事物观察得非常细致，而且对很多事情都充满了好奇心——他会留心观察天上云朵的变化，着迷于光线在发丝间的流动，会解剖蜥蜴观察它们的内脏。这在当时看来十分奇怪的行为，却成为他以后取得巨大成就的铺垫。

达·芬奇是人类历史上罕见的天才，他一生在多个领域都取得了卓越的成就，包括天文学、物理学、数学、建筑学、机械、流体力学、生理学、医学、艺术等，并且留下许多发明。然而，无论先天智力多高或者后天接受了多少教育，都无法抵消童年时母亲的缺失对达·芬奇的情感、亲密关系甚至艺术造诣的影响。

达·芬奇的父亲之后娶了好几个妻子，每一个妻子都对达·芬奇要么残暴，要么冷漠。也许这段经历成为达·芬奇之后对女性反感的原因之一。他一生未婚，传闻他所有的爱人都是男性。

虽然反感女性，但达·芬奇画笔下的女性却异常美丽、端庄、娴静。弗洛伊德研究了达·芬奇的画作，认为童年母亲的缺席对达·芬奇影响很大，他对女性的反感源于成长过程中对继母们的厌恶，但他内心深处却充满了对母爱的渴望，这种渴望通过他的画笔流露出来。

心理学研究发现，孩子情绪依恋的发展与最初主要的照顾者高度相关，尤其在0~6岁，孩子与其主要照顾者之间的关系（多数家庭是母亲和父亲）会对孩子一生的亲密关系造成重大影响。在这个发展阶段，如果主要照顾者和孩子之间的关系出现混乱，就会给孩子今后的生活带来很多问题。

在成长过程中，孩子通过观察自己的父母来了解这个世界的男性角色和女性角色的差异，父母的共同投入，是培养孩子的关键因素。在孩子的成长过程中，父母任何一方的缺失或者不平衡的投入，都会影响孩子未来亲密关系的建立。

父亲和母亲在孩子成长中各自扮演什么角色

相比于单亲家庭的孩子，被双亲共同抚养长大的孩子，更能发现自己和两种性别的人互动时的不同。不管孩子是否意识到，他们都在很幼小的年纪就开始学习按照社会对自己性别的期望去处理生活事件和人际关系。

那么，父亲和母亲主要在哪些方面对孩子有什么样的影响呢？

◆ 父亲和母亲与孩子的玩耍方式不同

父亲倾向于和孩子玩耍，而母亲则倾向于照顾孩子。所以，父亲的角色更可能向孩子展示“竞争性”和“独立性”这两种品质，母亲的角色则更倾向于赋予孩子“公平性”和“安全感”这两种品质。

在与孩子玩耍时，父亲更重视设立规则，母亲更重视为孩子创造安全的环境。

如果只有父亲的教养起作用，孩子可能会回避风险，减少很多亲身体验，这会使他们无法取得进步。在父亲保护过于强势的家庭中，孩子普遍比较软弱，安于现状，不肯冒险。如果只有母亲的教养起作用，孩子可能会不考虑后果就参与冒险活动，因为他有足够的安全感，但没有限制。在母亲保护过于强势的家庭中，孩子会不太重视社会规范，轻视甚至践踏他人的利益。

只有父亲和母亲的养育方式相结合，才能使孩子的成长处于一种平衡的状态。

◆ 父亲和母亲与孩子的沟通方式不同

父亲的讲话方式倾向于简短、有方向性、直指要点，而且更可能采用细微的身体语言；母亲的讲话方式则倾向于描述性，有更多情绪和情感的传递。孩子通过和父母的沟通，能够了解男性和女性表述方式的差异，进而调整自己的沟通模式。

◆ 父亲和母亲对孩子未来亲密关系的影响不同

在孩子的成长过程中，若有父亲在场，孩子就会对男人的世界拥有更多熟悉性和安全感。尤其是有父亲陪伴长大的女孩，在青少年阶段和成年后都更能够与男性建立起健康的关系。而母亲的教养则会为她们提供一种榜样，让她们看到在和男性相处的过程中，女性什么样的言谈举止是恰当的。这些榜样的示范作用，会让她们建立起一种安全感。

母亲可以帮助男孩了解女性的世界，使男孩发展出一种对女性情感和需求的敏感度，男孩与母亲的沟通方式，也间接锻炼了他们与女性的沟通方式。

◆ 父亲和母亲关系和谐，能够教导孩子尊重另一种性别

一个人与自己的伴侣如何相处，往往会模仿自己父母之间的相处模式。

社会学研究显示，相对于其他男性，已婚的男人较少会虐待自己的伴侣和孩子。这就意味着与有婚姻关系的父母一起生活的孩子，可以通过观察自己的家庭来学习男性应该怎样对待女性。同时，他们也能够从自己的母亲那里了解女性与男性之间健康、相互尊重的亲密关系是什么样的。

成长中缺失父亲或母亲的陪伴，孩子能否健康成长

如今单亲家庭和重组家庭越来越多，在这样家庭中长大的孩子是否能够健康成长？答案是可能的，但是难度较大。

父母必须认识到，相对于父母相爱的家庭，单亲家庭和重组家庭对孩子的成长环境确实有不良的影响。不过，即便孩子拥有父母都在场的成长环境，如果父母某一方太过于强势，完全阻碍了另一方对孩子的影响，也不利于孩子全然了解两性关系。

单亲家庭或者重组家庭的父母，应该做些什么来改善孩子的成长环境呢？

首先，要让孩子明白，父母分开并不是他的错。这是父母自己的决定，与孩子无关。如果父母将感情破碎的责任推诿到孩子身上，会对孩子的心理造成巨大的伤害，他可能永远生活在内疚和负罪感中。

其次，父母即便分开，也要各自给予孩子爱。若孩子知道，父母的分离不会减少他们对自己的爱，这种分离的伤痛就会减少很多。

再次，父母不要在孩子面前彼此诋毁、仇视。任何一方在孩子面前否认另一方，都是在切断孩子与亲生父亲或亲生母亲的连接，这很可能使孩子对另一种性别产生敌意。

最后，若再一次进入婚姻，夫妻情感的和谐非常重要。即便并非自己的亲生父亲和亲生母亲，孩子也能够通过观察父母新的婚姻，来学习男性和女性在亲密关系中以什么样的方式相处是恰当的、温暖的，是充满建设性而不是破坏性的。

孩子的成长需要父母双方的积极参与，因为父母双方会给予孩子不同的品质，如果我们否认父亲角色或者母亲角色对孩子的影响，就会阻碍孩子成为一个完整、健康的人。

06 父母在孩子面前吵架，会对孩子造成什么影响

童年的经历让他情绪失控

在一次家庭治疗课程上，一位男士向我们讲述了自己和妻子的一次冲突。

有一天晚上，他和妻子因为一件家事的分歧发生了言语冲突，那段时间他工作不顺心，父母又同时生病，他和妻子在忙碌工作之余还要奔走照顾两个老人，每天非常疲惫。

那晚两人的分歧只是因为一件小事，但不知为何他们就你一言我一语彼此不让，越说越激动。妻子将很多年前一些自觉委屈的事情一一列出，他越听越觉得烦，脱口而出说了一句："你不想待在这个家里就滚。"

这句话激怒了妻子，妻子突然做出一个让他意想不到的举动，她走进房间将正在做作业的儿子拖了出来，指着丈夫对儿子说："你爸要我滚！看我滚了对你们有什么好处！以后你就和你爸过，由他来养你！"

儿子听后一脸惊恐，吓得哇哇大哭，拉着妈妈说："妈妈不要走，妈妈，我错了！"妻子一边挣脱往门口走，一边不时回头指着丈夫怒骂。至于骂什么，丈夫已经记不清了，但他突然变得怒不可遏，脑子中不知怎么回忆起小时候一个片段——他母亲抱着一包衣服怒气冲冲地往门外走，一边走

一边回头指着他说：“要不是因为你，我早走了！”而他当时大概站在门口哭，他父亲坐在桌边对他吼：“男孩子离了妈就哭，你丢不丢脸？”

想到这里，丈夫气得浑身发抖，他冲到妻子面前想阻止她的咒骂。他一把将儿子拉开并推到一边，然后抓住妻子给了她一个耳光。这一记耳光成了他和妻子难以弥合的伤痕。

但那一切都只发生在一瞬间。等他冷静下来之后，除了感到后悔，还感到惊恐。在他小时候，父母常常吵架，那时他们家只有一个房间，父母每次都是在他面前争吵。他说，看到儿子拉着妻子那一幕，不知怎么回事，他脑海中就闪现出自己小时候父母吵架的画面。

这位男士说自己不是一个暴力之人，之前也从来没对妻子动过手，有时吵急了可能会摔门而去，但也仅此而已。然而，这次他似乎完全失控了。后来他想，是妻子拖出儿子的那一幕深深刺痛了他，他阻止妻子对儿子说出那些话，其实是他内心渴望阻止母亲对年幼的他说出那些话。

父母吵架，对孩子影响深远

很多父母都会在孩子面前争吵，但很多人都不知道，父母的争吵常常会成为孩子痛苦的记忆，这种记忆甚至会跟随他们进入成年。父母争吵对孩子的影响也可能很深远，就像这个男士，会在这段记忆被激活的时候突然失控。

有一个女孩告诉我，每次她父母吵架，她就躲在被子里哭。有时她也会对父母抗议，让他们别总在她面前吵。但是父母会说，我们吵架关你什么事？然而，父母吵架真的关孩子的事。神经学研究发现，当孩子听见吼叫、怒骂声时，他们的压力激素就会飙升。因为父母争吵这种行为威胁到孩子本来安全的家庭环境，所以很多孩子都害怕父母吵架，越小的孩子越害怕。

看见父母争吵，会让孩子变得很焦虑，因为父母是孩子安全感的主要来源，当父母都失控的时候，孩子会觉得这个世界变得非常可怕。那些看见父母争吵甚至向对方大打出手的孩子，会一直害怕父母离婚。

当父母在争吵中提及孩子的时候，孩子很容易认为自己要对父母的争吵负责，这会使孩子从小就对父母怀有内疚感。焦虑担忧的孩子也没办法向愤怒的父母寻求安慰，他们只能将自己的恐惧强行压抑住，这些恐惧之后可能会引发孩子更广泛的焦虑情绪，让他们表现出叛逆行为，甚至偏差行为。

冲突是生活的一部分，没有任何一对夫妻能够避免冲突。夫妻在孩子面前表达各自的分歧并没有什么不好，如果他们能够利用这个机会向孩子展示他们是如何解决彼此间意见不同，并最后达成一致行动的，对孩子来说反而是一件好事，因为这让孩子学会一种与人相处的重要技能——协商。

但如果父母因为分歧而发生争吵、谩骂，即便他们之后和好，对孩子也有消极的影响，因为孩子目睹了对自己最重要的两个人是如何伤害和羞辱对方的。他们用这种行为给孩子树立了一个榜样——当成年人发生冲突的时候，他们通过争吵、谩骂的方式来解决问题。

那些不会解决婚姻冲突的成年人，若观察他们的父母，往往也是不能很好解决冲突的人。

如果发生争吵，一定要告诉孩子不是他的错

如果父母真的不小心在孩子面前发生了激烈的争吵，应该怎么做才能

弥补给孩子造成的消极影响？

很多孩子都难以完全理解父母为什么争吵，所以，如果父母在孩子面前发生了争吵，父母应该向孩子说明当时究竟发生了什么事。无论他们是否和好，说这件事情的时候都不要再指责对方。如果父母在争吵中将孩子也牵扯进去，他们更加需要向孩子说明当时的情况，甚至需要为自己的行为道歉。这种做法非常有效，有人发现这种方法甚至对还不会说话的婴儿都有效。

一对夫妇在家里吵架，他们6个月大的孩子被吓哭了，虽然之后他们不再争吵，孩子最终也停止了哭泣，但是一整晚孩子都不肯睡觉。这对夫妇抱着孩子，分别用平静的语调向他解释当时发生了什么。

妈妈说："刚才我和你爸爸吵架了，是一些无关紧要的小事情，但当时我很生气，就开始骂他。"

爸爸说："刚才我和你妈妈吵了一架，她很累，所以心情不好，说了我几句，我也控制不好自己的情绪就和她吵了起来。我们吵架不是因为你，而且我们现在已经没事了。"

虽然他们并不确定孩子是否能够理解，但是在他们这么做了之后不久，孩子真的安然入睡了。

当夫妻在孩子面前爆发争吵以后，一定要及时告诉孩子当时发生了什么，告诉孩子他们争吵与孩子无关。

但是无论如何，都希望父母不要在孩子面前吵架，更不要在孩子面前羞辱或谩骂对方，父母是孩子安全感的来源，当父母争吵的时候，孩子会体会到安全感缺失的恐惧，而恐惧是最难以消失的记忆。

07 做“情绪指导型”父母，而非“情绪消除型”父母

我母亲曾在一个机关单位工作，这样的单位有一个特点，工作简单，但人事关系错综复杂。母亲是个单纯而又直率的人，常常无法在这些错综复杂的关系中取得平衡。

小时候，母亲常常向父亲抱怨单位有些同事的做法。父亲听完则会说母亲想多了，太敏感。有时父亲还没听完母亲的抱怨，就打断她说：“好了好了，想点儿高兴的事情嘛！怎么说得好像生活在水深火热中一样，要不你辞职算了。”

母亲说：“我又没说要辞职！”

听母亲这么说，父亲就会说：“不辞职就往好的方面想，别总想那些不好的！”

有时候，父亲也会反过来责怪母亲：“客观地说，这件事你也有责任，不能完全怪别人，对不对？”

每次听父亲这么说，母亲就会感到既愤怒又委屈，忍不住责怪父亲：“你怎么回事，怎么还帮着别人说话？”

后来母亲不止一次告诉我，她很少再愿意和父亲说工作上的事情，父

亲总是不能体谅她，他要么让她往好的方向想，要么帮着别人说话。

现在回想母亲那些年，工作不开心，还无人诉说，在家里也没有一个抱怨的出口，想必她非常郁闷。可那时我也说不清父母之间的问题究竟是什么，是父亲太冷酷，还是母亲太“玻璃心”？直到后来学习心理学后我才明白，父亲这样的伴侣被称为“情绪消除型”伴侣。

什么是“情绪消除型”伴侣

若按照对伴侣负面情绪的反应来分类，伴侣可以分为两类：一类是“情绪消除型”伴侣，另一类是“情绪指导型”伴侣。

情绪消除型的伴侣能感受到对方的负面情绪，却不能与伴侣共情。在伴侣有负面情绪的时候，他们总想“消除”伴侣的负面情绪，就像我父亲那样，让母亲往好的方面想，或者“客观”看待自己的问题，以从负面情绪中抽离出来。一对彼此不能产生共情的夫妻，很难通过回应对方的情绪来加深彼此的联系，他们之间的关系也会出现隔阂。

情绪消除型的伴侣往往都是出于“好意”，他们认为负面情绪不好，希望对方能够赶快停止这些情绪。那些让伴侣“往好的方面想”的人，以为自己的说法很有支持力，但实际上伴侣收到的信号却是——我不想听你说这些。

情绪消除型的人认为消极情绪是有害的

为什么有些人会成为情绪消除型的伴侣呢？美国心理学大师约翰·戈

特曼（John Gottman）发现，每一个人对自己的情绪都有自己的感受。比如有人曾对我说：“我真的好讨厌自己生气。”这是她对待自己愤怒的感受和态度，她可能认为生气是不对的，如果控制不住生气了，她就会更加讨厌自己。

曾有一个学生对我说：“我希望自己成为一个淡定的人，不悲不喜。”那么可以推断，当他因为一件事而感到高兴或悲伤的时候，他会因为自己体验到这些情绪而感到失望。

我们对待情绪的态度千差万别，尤其是对待那些消极情绪。有人认为消极情绪有害、应该被禁止；有人认为消极情绪是中性的，只是一种情绪反应；还有人认为消极情绪也有积极的意义。这3种人对消极情绪的态度和感受完全不同，当他们面对自己和身边人的消极情绪时，反应就会不同。

第一种人往往会出现“情绪消除”的行为，我父亲就是这种人，他认为消极情绪不好，希望能够帮我母亲“消除”那些情绪。但是他不知道，情绪是一个人对待事件天然的反应，人们很难随意选择自己的情绪。当有人说自己可以选择情绪的时候，他很可能不是在选择情绪，而是在压抑情绪。

当父亲极力想要消除母亲的消极情绪时，他也失去了和母亲同在一个“频道”上的机会，无法和母亲共情——母亲会觉得委屈、不被理解，而父亲也会觉得委屈，因为自己一番好意还被母亲责怪。

父母对待情绪的态度，决定了孩子对待情绪的态度

一个人对待情绪的态度是怎么形成的呢？戈特曼教授发现，家长对待

孩子的消极情绪的态度，会影响孩子对待消极情绪的态度。

如果父母是情绪消除型父母，在孩子经历负面情绪的时候，他们会想办法转移孩子的注意力，或者简单地告诉孩子“别去想了”“开心点儿”。但孩子的负面情绪并不会因为一句“别去想了”就消失，也不会因为注意力转移就消失，孩子只会渐渐形成对负面情绪的态度——这些情绪是不好的，我要尽量避免它们出现。面对别人的消极情绪，他们可能也会好心地劝告别人：别想了，忘了吧，开心点儿……

还有一种父母是“情绪指导型”父母，当发现孩子出现消极情绪的时候，他们不会指责和评判孩子的情绪，反而会将孩子出现消极情绪看成和孩子亲密沟通的机会，帮助孩子理解这些感受。每一次他们接纳、理解孩子负面情绪的时候，就和孩子建立了更深一层的连接。当孩子感觉到被理解和被支持的时候，父母才有可能指导他们怎样改变，或者从中获得领悟。

举个例子：一个小男孩的玩具被弟弟抢走，并被弄坏，他很生气，气得大哭起来。

如果他的父母是情绪消除型父母，他们可能会说：“忘了这件事吧，你是哥哥，要包容一点儿。”或者说：“别难过了，妈妈明天再给你买一个。”是的，他或许可以获得一个新玩具，但他怎么可能忘记愤怒和伤心，父母的话只是让他知道这种情绪不该被表达出来。

情绪指导型的父母则可能会说：“我知道弟弟抢你的玩具你很生气，他还弄坏了玩具，这让你很伤心，你生气和伤心都是对的。你可以告诉我当时发生了什么，我们一起来想一想，如果以后出现这种情况，你应该怎么办，好吗？”

情绪指导型父母更容易培养出高情商的孩子

我们一直强调要培养孩子的高情商，高情商的人并不是那种会压抑和控制自己情绪的人，而是能够接纳并主导自己情绪的人。

情绪指导型的父母比较容易培养出高情商的孩子，因为孩子在成长过程中一直在学习如何与自己的各种情绪相处，也不会认为负面情绪是消极的、应该被制止的。相对于情绪压抑的人，这类孩子的心理更加健康。

当孩子成年进入到一段婚姻之后，他会发现婚姻中并不只有喜悦和快乐，还有很多消极感受，也需要面对伴侣的负面情绪。如果他是一个“情绪指导型”的人，会更容易接纳伴侣的负面情绪，更容易体谅伴侣的感受和处境。他会先理解伴侣，再寻找解决问题的方法。

我们总想为自己在乎的人想办法，但是常常忘记，在给别人任何建议之前，我们需要先理解这个人，体谅他的感受，与他共情，否则对方很难接受我们的建议。

如果我父亲别那么急着消除母亲的“坏情绪”，而是先接纳母亲的情绪，同情她的遭遇，让母亲感觉到被理解后再给出建议，或许母亲对婚姻的幸福感会更高。

CHAPTER

4

了解孩子的心理，帮助他成就更好的自己

当孩子出现情绪的时候，父母没必要一定要想办法搞清楚孩子在想什么，但是一定不要忽视孩子的感受。父母觉得很小的一件事，在孩子眼中可能就是天大的事情。就像父母觉得没带珍妮去商场也没什么，但在珍妮看来这就是父母“不爱自己”的前兆。

01 你若懂得，内向的孩子就是天使

“结巴安娜”的故事

安娜出生于一个富裕的大家族，她的曾曾祖父是英国一个有爵位的贵族，后来举家迁入美国创造新的财富。这个家族在美国的发展也繁荣昌盛，家族里出过3位州长、两位市长，甚至还包括几个著名的电影明星。安娜的母亲是纽约上流社会的名媛，父亲是富商的后代，安娜的父母都是社交场上的高手。在安娜童年的记忆中，家里时常举办奢华的晚宴，家里与她同辈的孩子，都要给大家表演钢琴、舞蹈或者诗朗诵。

然而，这所有的一切安娜都不喜欢。她喜欢躲进自己的卧室里看书或者画画，她甚至不太喜欢和别的孩子玩耍。安娜最喜欢的人是外公，这个慈善的老人虽然儿孙满堂，但是他最喜欢安娜，因为安静的安娜非常像年轻时的自己，若不是要继承家业，他宁愿自己的职业是一位昆虫研究员。每当假期的时候，外公总会找一段时间带着安娜去一些小岛上寻找美丽的昆虫。

安娜很讨厌每次聚会时母亲要她念诗给大家听，因为母亲发现自己这个女儿似乎比别的孩子在识字方面更有优势，但是安娜只要在众人面前讲话就会结巴。以至于后来家族里有些孩子给她起了个外号——“结巴安娜”。

在安娜13岁那年，外公去世了。外公的去世给了安娜非常大的打击，她很伤心，却不愿让别人知道。此后她变得郁郁寡欢，越发孤僻，只要和外人讲话她就严重结巴。她在学校里渐渐变成了一个“怪咖”，最后母亲不得不让她退学。

退学之后很长一段时间，她就在家里阅读外公留下来的书籍，制作昆虫标本，绘制昆虫图画。这期间，除了父母和亲兄妹，她几乎不和任何人交流。神奇的是，这期间安娜的结巴渐渐消失了，她的心情也恢复得很好，她把家里一个几乎废弃的地下室变成了自己的昆虫标本室。可她仍然拒绝参加家庭聚会，如果母亲强迫她参加，她就会出现严重的痉挛症状。

某一天，安娜突然对母亲提出，希望能够读大学，因为她想实现外公的遗愿——成为一个昆虫研究员。

现在，安娜的生活已经完全恢复了正常，她结了婚，丈夫是一位昆虫学教授，他们育有一儿一女，一家人最开心的事情就是窝在温暖的小屋里读书。很少有人知道安娜显赫的家族背景，她也很少和家里的亲戚们互动，她过上了自己喜欢的生活——结交了几个密友，偶尔聚会，她有很多学生，她喜欢和他们举办一些小型茶会，谈论生活和学术。她还有一个Instagram[1]的账号，经常在上面分享自己的绘画。

内向是一种力量

安娜有什么问题吗？其实根本没有。安娜代表了这个世界上的一类人——内向型的人。如果安娜的父母在她小时候就意识到自己的女儿是一个内

1 Instagram 是一款移动应用软件，用户可以用一种快速和有趣的方式将自己随时抓拍的照片在互联网上进行分享。——编注

向型的人，并且按照她的特点去培养，安娜的童年根本不会如此不幸。然而遗憾的是，我们这个世界似乎喜欢褒奖“外向”的性格，不赞赏“内向”的性格。

很多人都有这样的观念——外向的人天生善于交际，长袖善舞，容易引起别人的关注，在团队中表现活跃，所以他们更容易获得成功，也更讨人喜欢。而内向型的人却不容易得到重视、关注甚至快乐。

有些父母发现自己的孩子是内向的人，就会觉得有点儿遗憾，甚至难过。还有一些父母会尝试改变孩子的这种性格特点，更有甚者，会认为孩子有心理障碍。然而，内向型人格真的是一种不太好的人格特质吗？

美国有一本畅销书叫《内向性格的竞争力》，作者苏珊·凯恩在书中列举了许多内向的成功人士，他们安静、稳重、深思熟虑，他们默默地带给这个世界许多改变。如果他们不幸被强制改变成外向的人，这个世界会少了许多天才，多出许多“病人”。

如果一个内向的孩子在成长过程中总是被父母纠正其性格，被同伴嘲笑或者排斥，那么他就会对自己的性格感到自卑，不仅不会去寻找自己性格的优势，反而会痛恨自己为何是这样的人。这种自卑感会给他的内心造成很多冲突，这些冲突会引发心理障碍，比如引起社交恐惧症、焦虑症等。在安娜的身上，这种心理冲突变成了她的结巴以及孤僻。

所以，有问题的并非内向的人格特点，而是社会对内向人格特点的偏见。

内向者的思维特点

内向型的人具有以下几个思维特点。

- 内向型的人脑神经回路通常比较长。他们在加工信息的同时，会认真地将自己的感受和想法加入进去。
- 内向型的人唤醒水平[1]比外向型的人低，所以内向型的人更容易被过度刺激。
- 内向型的人的大脑是节能型大脑，他们可以通过读书、深度思考、探索内心世界等方式获得满足感和能量。
- 内向型的人的大脑很少会通过赌博或者冒险行为来获得强烈快感。当他们面对惊喜或者冒险的时候，也没外向型的人那么兴奋。
- 内向型的人会观察他们周围的一切事物，并注意到环境中所有引发他们感觉的细节，他们的关注点并不仅仅在某个人身上。
- 内向型的人的自我对话其实非常多，他们脑中有很多想法——但是他们不会说出来。

如何培养内向型的孩子

父母一定要认识到，内向并非是一件不好的事情，更不是一件羞耻的事情。并且要理解，内向是一个人的天性，它和血型一样，根本不需要去改变。

不要给你的孩子贴上“害羞”的标签。“害羞”是一个有点儿贬义的词语，孩子听多了这个词，会为自己的特质感到自卑，从而很难发现这种特质的优势在哪里。

1 唤醒水平是指个体在心理和生理上（主要表现在自主神经系统方面）做好提高或降低反应的准备程度。——编注如果要把孩子介绍给别人，或者要让孩子适应一个新环境，一定不要着急，慢慢来。如果孩子喜欢上他之前一直害怕参加的活动，对他指出这件事，让他知道他有能力跨出自己的舒适区，获得更多的快乐。

帮助你的孩子培养兴趣爱好。这样他才有机会接触到志趣相投的朋友，这会让他的生活更加丰富，也更加幸福。

内向的孩子更容易活在自己的世界中，他与外人的交流不会太多。所以，你要仔细倾听他讲话，理解他，回应他，在他迷茫的时候将他拉出自己的世界。你还需要知道，即便遇到困难，内向型的孩子也不太会寻求帮助。

如果你的孩子朋友少，也不必担心。因为内向的人需要的是深入、稳定的关系，他们的朋友圈不大，却很稳定。

内向或外向只是一种人格特点，如果一个人的发展能够顺应自己的特点，任何一种人格特质都能发挥出自己的潜能。如果父母能够顺应内向孩子的特点去抚养他们，内向的孩子更可能成为一个体贴、专注、有趣的人。

02 如何让孩子减少批判的内在声音

场景一：

“这件衣服怎么样？”

“不行，不行。你腿太粗了，不能穿这么短的裙子。”

“那这件吧，可以遮住腿。”

“嗯，勉强吧。你真是太胖了，好丑。”

“还好没扔掉这条裙子，今晚就穿这件吧。”

“天哪，你脖子上怎么这么多皱纹，丑死了！戴条围巾裹起来吧。你为什么没生活在阿拉伯，这样你就可以把全身遮住，不被别人看见。”

场景二：

“他为什么会爱上那个女人？”

“因为你老了，男人都喜欢年轻的女人。”

“我们在一起那么多年，还有两个可爱的女儿，他怎么能那么狠心？”

“他根本就不喜欢那两个孩子，他嫌她们不够聪明，和你一样。”

“可我还爱他。”

“他早就不爱你了！你配不上他，你没吸引力了！没人会爱你！”

场景三：

“我又说傻话了！天哪，我怎么会在会议上说那种话？”

“我就知道你会把事情搞砸，你一直都是这样的！”

“我真的准备了很久，怎么还是搞成这样？”

“你觉得你能做成什么事情吗？就凭你？”

场景四：

“我放弃了这个机会，最近太累了，我要好好休息一下。”

“累？哈哈，别开玩笑了。承认吧，你知道自己没这个能力！你怕别人看出来，你就是绣花枕头——一包草。”

场景五：

“他身边没人，或许我该主动和他打个招呼？”

“算了吧，别丢人现眼了。”

“很难碰到这样的机会了。”

“打完招呼说什么？傻乎乎地站在那里吗？别人看见了会说你什么？巴结领导……”

如果有人对你说这些话，你是不是觉得很刺耳、很伤自尊？如果这个世界上有一个人总是这样和你对话，你大概早就和他断绝关系了。但是，如果这个世界上真有这样一个人，会是谁呢？这个人不是别人，就是你自己。上面几个场景中的对话，都发生在一个人的头脑中，这样的对话，被称为“批判的内在声音”。

批判的内在声音其实是内在的一种自我对抗，是人格中的自我防御。这种声音总是由一些负面的想法、信念和态度组成，它反对人们的兴趣，阻碍人朝着新的领域发展，最重要的是，它会降低人的自尊感。严重的时候，它还会引发自我挫败和自我毁灭的行为。这种充满敌意的、批判性的声音还会引起当事人对他人的负面感觉，让他们对别人更加挑剔和愤怒，也会让当事人对生活和这个世界更加悲观。

批判的内在声音是如何形成的

在生活的各个领域，几乎每一个人都会受到过去经验的影响。生命早期接触到的态度、信念和行为方式，可能会变成一种内在对话，影响着人们如何看待自己和他人。这些早期的态度、信念和行为大多来源于我们的原生家庭，还有一些来源于老师和同龄伙伴。

在父母抚养孩子的过程中，如果一个孩子感觉到爱、接纳和关怀，他的自我就会被这种正面的情感所滋养，从而对自己产生良好的感觉。相反，如果一个孩子在成长过程中总承受着外界的苛责与批判，他人格中的消极一面就会得到滋养，不断壮大，这一面被称为“反自我”。

早期经历中那些被外界拒绝和伤害的经历，会影响孩子刚刚萌芽的自我感知，并渐渐影响他对其他人和世界的看法。这个“反自我”将出现自己的声音，在一个人的头脑中和他展开对话。

父母如何影响孩子批判的内在声音的形成

在孩子能完全独立生活之前，他们必须依靠父母才能生存，因此他们会和父母的情绪高度同频。他们会受到父母情绪和自我价值感极大的影响。

几乎每一个人对自己的感觉都是爱恨交加的，并且会将这种情感投射到自己孩子身上。当父母对自己感觉好的时候，这种积极的感受会延伸到孩子身上。父母和孩子能够一起进行各种活动，彼此连接，孩子能从父母那里获得积极的能量，这些能量能够增强他的自信心。当父母头脑中较少有批判的内在声音时，他们也会较少受到外界的干扰，没有过度的忧虑，从而能够更好地给予孩子全然的关注，无私地回应孩子的需求。

相反，如果父母对自己感觉消极、负面，他们也很容易将这种感觉延伸到孩子身上。父母对自己心怀负面想法，可能会导致抚养上的拒绝、忽视和敌意。他们会像批判自己一样批判孩子，他们的低自尊感也会给孩子树立消极的榜样。低自尊感的父母很难培养出高自尊感的孩子，但他们却可能对孩子心存极高的期待，而这种期待很可能是他们曾经没有实现的目标。

有些孩子总在成长过程中听到父母这样的责怪——你为什么这么懒？你能不能有点儿什么事情是做对了的？你让我很崩溃！你怎么不能在学校表现好点儿？你就不能和好孩子做朋友吗？……

当孩子将这些负面态度融入自我觉察中时，他们就会发展出苛责的内在声音——你很笨，你很烦人，你不够好，你不会成功，没人喜欢你，等等。当孩子长大以后，通常会呈现出父母的消极自我感觉，时常进行自我攻击。

如果家长将自己的孩子看成累赘，或者总认为孩子不够好，这种态度就会被内化进孩子的自尊感中，和其他一些影响因素（比如事故、疾病、焦虑等）一起作用，形成一套反自我的内在声音。批判的内在声音就像内化的父母，提醒着他们的缺点，警告他们别采取某些行动，指示他们如何观察这个世界。父母对孩子那些伤人的态度、偏见以及不合理的期待，都是形成这些自我攻击的基础。

怎样可以减少孩子批判的内在声音

没有父母是完美的，在成长过程中，孩子必然会受到父母优点和缺点的双重影响。

在一个家庭中，孩子是吸收父母情绪最多的人，如果父母总是感到备受压力或者烦躁不安，孩子也很难放松下来。如果父母情绪稳定，总能保持镇定，孩子就会感觉到安全、平静，对父母充满信任。

所以，父母内在的平衡才是对孩子抚养质量的关键。如果一个人的头脑里总是充斥着批判的内在声音，这种声音就会影响他的生活，影响他对孩子的抚养，进而影响孩子的情绪。

在孩子的成长过程中，在很长一段时间内，他会将父母看成自己的榜样。如果父母心里总是出现“我不够好”“我不配”“人人都不喜欢我”之类的自我评价，这种声音对父母的影响最终也会传递到孩子身上。

所以，抚养孩子的关键是，父母要足够了解自己，减少心中那些批判的内在声音。当父母内心平衡、情绪稳定，有足够的自尊感，就更容易将孩子培养成一个自尊感足够的人。

03 让孩子活出真实的自己

被上司利用的西恩

西恩一直觉得自己被上司派克利用，那个人总是窃取他的劳动成果。但是他没有勇气质疑他，因为西恩觉得没有人会相信他，即便相信，也没有人会支持他。派克是一个很会搞关系的人，和高层领导关系很好，人人都喜欢他，领导也觉得他很有能力，将来大有作为。西恩想，如果他指责派克，别人会怎么想？别人会认为他是在嫉妒派克。没有人会相信他比派克聪明能干，怎么会有人相信派克窃取他的劳动成果呢？

西恩不久离开了公司，其中很大的一个原因便是他觉得很绝望，不知道怎样避免自己的劳动成果被派克利用。几年后，西恩遇到一个曾经的同事，那时他才知道派克被公司炒掉了。“派克没什么真本事，而且总是窃取别人的劳动成果，很多人都知道。领导们早就不喜欢他了，他那些恭维领导的小把戏谁都知道。”同事告诉西恩。

听完这话，西恩心中又响起一个声音：“我真是个懦夫！我早就知道，可我不敢说！”

批判的内在声音会怎样影响人

童年时期所遭遇的负面事件会塑造一个人的思维、情绪和行为。一个人与父母的依恋关系以及早期的生活经验，对他的发展以及他成年后的所有关系都有影响，而当事人可能并不清楚这样的影响是如何发生的，又是如何对自己起作用的。

但是，在生活中遇到的某些人、某个事件却可能会触发人们早期的情绪记忆，使人从当下回到过去，用当时处理压力的行为或者情绪去应对目前的情况。如果一个人还是孩子的时候经常被警告要闭嘴，那么这个人在工作中可能总是沉默，不轻易发表自己的意见。

前文讲过，如果一个孩子在成长过程中总承受着外界的苛责与批判，他们人格中消极的一面就会得到滋养，不断壮大，这一面被称为“反自我”，即批判的内在声音。这种声音会促使人用消极的态度看待这个世界。这种内在的对话会在一个人面试时挖苦他，约会时让他表现不自然，紧张时说傻话。

鉴定出内在批判声音，可以让人们意识到过去的经验对他的影响。这种内在的批判声音并非完全没用，它很可能在过去某个时间保护过当事人。比如，一个人的父母如果总是忽略他，他可能会形成这样的内在声音：“你自己一个人也挺好的，你根本不需要别人。”这种想法在他小的时候可能给他带来了安全感，但是成年以后，他会表现出不轻易信任别人，甚至会推开那些向他展现爱意和善意的人。

只有当人们理解童年时期形成的防御机制是如何帮助他们处理当时的困境后，才有可能从自我限制的模式中解脱出来。

批判的内在声音通常和人的思维融合得很完美，它不仅影响着人的行为，还影响其他人怎么对待我们。批判的内在声音会将人从真正的目标转移开。不管过去的经历多么痛苦、不快乐，人们都已经适应了，这些经历变得渐渐熟悉，熟悉感会让人感到舒服。如果一个人在成长过程中总是经历挫败，他可能会不断告诉自己他的整个人生都会失败，而这种感觉可能还会让他感到很放松。

如何克服批判的内在声音

克服这种声音并不容易，但是可以尝试用下面的方法来减少它对你的影响。

第一步：鉴定批判的内在声音在说什么。为了挑战这种声音带来的消极影响，你需要首先意识到它在对你说什么。先去发现在生活中哪一个领域，你对自己非常批判，然后找到你对自己的批判是什么，这样可以引导你发现你对自己的潜在敌意。

当你能够找到这些批判是什么的时候，将批判中的“我”换成“你”。比如，当你想说“我是个又懒又没用的人”时，把这句话换成“你是个又懒又没用的人”。

第二步：认识到批判的内在声音来自什么地方。把这种批评的话语从“我”换成“你”之后，去感受一下这句话的内容和语气，你是否似曾相识？这句话是否在你的童年出现过？谁对你说过？有人会感受到父母曾说过这句话，或者家中的其他年长亲属曾说过，或者老师曾说过。当你能鉴别出这句话是谁说过时，就能发展出对自己的同情。

第三步：回应自己批判的内在声音。当这个声音出现以后，你要给予回应。不要让它轻易控制你，站在客观的角度去反击它。

举个例子。当西恩想对别人说是派克窃取了他的劳动成果时，他的内在声音可能是："我比派克差远了。没人想听我在说什么！安静地坐着闭嘴吧！"西恩可以这样回应："我不会比派克差，不然他就不会窃取我的成果了。一定有人愿意听我的意见！"

当西恩说完这句话的时候，还需要说出一些客观合理的话语，客观地看待自己、看待他人以及看待这个世界。他可以对自己说："作为一个领导，派克这样做非常不合适。我已经不是小学生了，没人会保护我。我应该站出来为自己讲话，即便别人不认同，他们至少知道我的想法。"

第四步：理解批判的内在声音如何影响人的行为。在表达并且回应了内在声音后，你需要尝试去理解这些自我攻击或自我防御是如何影响你的过去和现在的。比如，一个总说自己很傻的人，可能会意识到正是因为这种声音，才使得自己在很多场合没有自信，从而失去了很多机会。

当一个人了解批判的内在声音是如何影响他的行为后，就可以帮助他挑战那些自我限制的行为。

第五步：改变限制性的行为。一旦能够鉴别出你在哪里限制了自己，你就有可能改变自己的行为。当你的内在声音唆使你尝试自我破坏的行为时，你就去挑战它。如果一个人很害怕社交，在社交场合他的内在声音会很多，此时就是练习挑战的好时机，要尽量鼓励自己和别人谈话。

和自我内在声音对抗不是件容易的事情，每一次对抗都会引发焦虑。时常还会出现这种情况，当一个人开始和自己的内在声音对抗时，这种声音会变得更强大、更剧烈。对于那些已经完全习惯自己内在声音的人，即便这种声音一直在阻碍他们的行动，和这些声音相处却让他们感觉舒服和安全。

当一个人真的能够和批判的内在声音对抗的时候，这种声音对他的影响就开始变小，他才有可能做真实的自己，实现自己的目标，从自己想象的限制中走出来。

04 为什么成年人难以理解孩子的想法

没有爸爸的小诺，受到了小朋友的排挤

小诺的父亲去世以后，母亲带着她搬家了。小诺离开自己曾经的小伙伴，进入了一个新的幼儿园。进入幼儿园第一天，老师让小诺向小朋友们介绍一下自己。

小诺怯生生地说："我是小诺，我和妈妈搬来这里。"

"那你爸爸呢？"有个小朋友问。

"我爸爸死了。"说完，小诺哭了起来。

老师赶紧将小诺带到办公室，安慰了很久，她才终于不哭了。

然而，小诺来到新幼儿园好几个月了，一直没有小朋友和她一起玩，如果她拿了一个玩具，别的孩子一定会抢走它，大家也经常欺负她，说她没有爸爸。

所有老师都不明白为何孩子们不仅不同情小诺的遭遇，还一直欺负她。虽然老师们一直干预，也想了很多办法让别的孩子和小诺一起玩，但是只要老师不在场，小诺就会被冷落在一旁。

幼儿园的老师鼓励孩子们说出自己的想法，最后发现，孩子们的想法虽然千差万别，但这些想法背后都有一种情绪——恐惧。

在这个年龄阶段的孩子眼中，爸爸是一个伟大且永恒的存在——爸爸是不会死的。如果小诺的爸爸会死，那么自己的爸爸也可能会死，这对孩子来说简直难以想象。如果小诺和别的孩子不同，或者小诺的爸爸有问题，那么自己就不会有小诺那样的经历了。所以，大家无意中就达成了一个协议——小诺很坏，我们不和她一起玩，这样我们的爸爸就不会死。

儿童认知发展的4个阶段

逻辑思维是人类一项高级的认知技能，儿童发展心理学家皮亚杰认为，儿童的认知发展可以分为4个阶段。

第一阶段（0～2岁）：感知运动阶段。该阶段的儿童学会体验自己的身体，通过这一阶段，儿童从一个仅仅具有反射行为的个体，逐渐发展成对其日常生活环境有初步了解的问题解决者。

第二阶段（2～6岁）：前运算阶段。该阶段的儿童将感知动作内化为表象，建立了符号功能，可以凭借心理符号进行思维，此时孩子的思维有了质的飞跃。但此时孩子的思维还没有承认的逻辑，难以逆转，无法理解部分与整体的关系，其概念不具有守恒性。

当小诺告诉孩子们自己的爸爸去世之后，孩子们不能将这个事件看成个例，他们认为如果小诺的爸爸会死，自己不和小诺区别开，自己的爸爸也会死。

第三阶段（6～11岁）：具体运算阶段。该阶段的儿童能凭借具体形象的支持进行逻辑推理，比如看到卡片、图像等辅助性材料，可以开始进行运算。

第四阶段（11岁以后）：形式运算阶段。在这个时期，儿童的思维发展为抽象的逻辑推理水平。

很多7岁之前的孩子只能基于他们的所见去理解世界，没办法从自己的世界中抽离，更没办法通过眼前的事情去推理未来。他们只能停留在当下的状况，以自我为中心，很难深思熟虑。

这个阶段的孩子会认为，在自己的世界中父母是绝对的权威，甚至绝对正确，他们完全相信父母，对于父母对他们的评判或者管教，他们几乎全盘接收——父母如果认为他们是坏孩子，他们就会觉得自己很坏；父母如果觉得他们很麻烦，他们也会觉得自己是个负担，甚至不该存在。

所以，很多孩子在这个阶段的行为不仅让父母感到不解，甚至还让父母很困扰。因为逻辑思维的局限，他们特别容易受到自己情绪的干扰。

5 岁的珍妮竟然想“毒死”弟弟

5岁的珍妮晚上不肯睡觉，一定要缠着妈妈，妈妈不知道到底发生了什么事情。半夜，珍妮醒来就一直哭泣，无论妈妈怎么问，珍妮都不肯说。接着好几个晚上，珍妮醒来都会哭，而且一定要妈妈陪着。妈妈终于发火了，她对珍妮说：“你怎么那么讨厌，都多大了，还不肯好好睡觉？”珍妮被妈妈的怒火吓住了，又抽噎了一会儿才睡着。

之后，珍妮似乎变了，她白天郁郁寡欢，也不再拥抱妈妈和爸爸，每天安安静静吃完饭后，就独自回房间看动画片。那时珍妮的弟弟还比较小，对于珍妮的突然变化，父母并没有放在心上。后来珍妮的妈妈回忆，珍妮开始变得越来越邋遢，晚上睡觉前拒绝洗澡和刷牙，母亲批评她时，她只是怒目而视，甚至穿着鞋就跑上床睡觉了。

直到有一天，珍妮家的保姆发现珍妮弟弟的奶粉中被人加了洗衣粉。

起初谁也不愿意相信这件事情是珍妮做的，但在父母的简单“盘问”下，珍妮只有承认了。珍妮的父母非常伤心，尤其是母亲。曾经为了不让珍妮碰洗衣粉，妈妈骗她说洗衣粉有毒，用手摸一下都会中毒。所以母亲知道，对于珍妮来说，洗衣粉是她能找到的最毒的“毒药”。可她居然想用这个“毒药”来毒死弟弟，为什么会这样？是因为嫉妒吗？

还好，父母带着珍妮去看了心理医生。在医生的引导下，珍妮才说出了自己的想法，而她父母也才知道珍妮这段时间发生变化的原因。有一天，珍妮的父母准备带两个孩子去商场，但是珍妮因为一件小事被母亲批评了，就赌气不愿去。妈妈见她不去，也没强迫，就将她托付给保姆照顾，自己和丈夫带着儿子去了商场。那天商场正在给孩子派发气球，珍妮弟弟也拿了一个。晚上3人开开心心地回来了，完全没有注意到珍妮沮丧的情绪。其实，那天晚上珍妮就出现了破坏行为——她“不小心”将弟弟的气球放飞了。

晚上，珍妮做了个梦，梦见爸爸妈妈带着弟弟走了，只留下了她一个人。醒来之后，珍妮吓坏了，她一直哭，总缠着妈妈，害怕妈妈突然抛下自己。之后，这种情绪一直伴随着珍妮，每当看到父母和弟弟在一起，她就恐慌到了极点。直到被妈妈责骂，珍妮百分之百地确定妈妈不爱自己了，她想，那我也不爱妈妈了。虽然这么想，但是珍妮内心深处还是渴望爱妈妈，也渴望妈妈爱自己，所以她对弟弟的嫉妒变成了恨——“要是弟弟死了，妈妈就会爱我了”，于是她想用“世界上最毒的毒药”毒死弟弟。

父母不能用成人的逻辑去评判孩子的行为

若按照成人的观点，珍妮的想法是完全没有逻辑的，不能因为父母带着弟弟去了商场就认为父母不爱自己了。可是这个阶段的孩子只会根据自己的所见做出判断，并且深信不疑。当他们有了情绪以后，行为完全被情绪左右，一心想着怎么达到自己的目标。

孩子的内心其实非常脆弱，并且对情绪相当敏感。父母如果用自己的逻辑去评判这个年龄阶段孩子的行为，往往会出现一种错误：过早给孩子的行为下结论，甚至对孩子的性格、品行下定论。

当孩子出现情绪的时候，父母没必要一定要想办法搞清楚孩子在想什么，但是一定不要忽视孩子的感受。父母觉得很小的一件事，在孩子眼中可能就是天大的事情。就像父母觉得没带珍妮去商场也没什么，但在珍妮看来这就是父母“不爱自己”的前兆。

很多父母在孩子出现情绪后总是急着询问“为什么”，其实这个阶段的孩子并不能很好地描述自己的想法，但是为了“回答”父母的提问，他们不得不找一个“合理的理由”，而这并不一定就是造成他情绪的真相。

当孩子出现令父母困惑的行为时，父母要关注并且倾听孩子的情绪，甚至帮助孩子讲出他的情绪，比如“我觉得你好像生气了”“我看到你很伤心”“你是不是特别害怕”，等等。当父母可以准确把握孩子的情绪以后，再问他经历了什么、发生了什么事情，耐心陪伴他做进一步的思考。孩子往往只能看到事情的某个部分，而父母却可以为孩子提供全面的信息，帮助他从一个新的视角去看待问题。

真正爱孩子，就别急着用成人的思维去评判孩子，而是“看到”孩子的感受和情绪。他们的想法和行为也许不对，但是他们的情绪却没有错。要让孩子明白：自己的情绪可以被父母全然接纳，可以在父母面前安全地表达。当他达到适合的年龄阶段，自然就会发展出逻辑思维，明白自己行为的后果。

05 兰花型孩子 or 蒲公英型孩子

环境和基因到底怎样对孩子起作用，又有多大作用，至今都是很难解答的问题。但心理学家发现，有一些孩子似乎比别的孩子对环境更加敏感，更容易受到外在环境的影响。有人根据这种敏感性，将孩子分为两类——兰花型孩子和蒲公英型孩子。

兰花优美精致，但是对环境要求很高，如果能够给予细心的呵护，它就能开出惊艳的花朵；蒲公英则相反，它总能很好地适应环境，需要的土壤和营养不多，在很多条件恶劣的环境中都能蓬勃生长。但若把它放在一个最适宜生长的环境中，它的生长状况也不一定比恶劣环境中好很多——顶多多开一些花，结出更多的种子。这两种花就像两类孩子，兰花型的孩子对环境相当敏感，而蒲公英型的孩子则对环境不怎么挑剔。

为什么这两种孩子差异很大？部分原因可能是基因造成的。剑桥大学的马利纳斯教授认为，如果孩子拥有一定量的、较低效的多巴胺相关基因，就会在消极的环境中表现更糟。然而，如果环境变得积极起来，这些孩子就会最大限度地受益。

剑桥大学的一项研究发现，不同的孩子拥有着各式各样的多巴胺受体基因，有一种基因和注意力缺乏症有关。如果让这种基因型的孩子进入一种专门的、支持他们的环境中，他们的学习效果比不是该基因型的孩子更好。但遗憾的是，通常的课程设置是不适合这些孩子的。课堂环境对他们来说太嘈杂或者太混乱，他们在课堂中的表现并不好。

这一研究说明了一个事实：如果孩子表现不好，也许是因为环境不适合他这类人；如果能够找到一个更适合自己的环境，他的表现可能会比其他人更好。

马利纳斯教授还做了一个实验，实验对象是3～4岁的幼儿。他们发现，那些最容易被激怒的孩子（“易激惹”也是敏感的一种表现），在痛苦状况下，最可能从敏锐、积极的亲子互动中获益。

威廉·西尔斯是全美最知名的儿科医生。他在《西尔斯橙色亲子课》一书中描写了自己养育孩子海登的故事。海登是一个易哭闹、爱挑剔，需要父母一刻不离进行照顾的宝宝，她曾经将西尔斯夫妇折磨得够呛。然而，当夫妇两人极力去满足这个孩子的需求以后，她最终成长为一个令人骄傲的孩子。海登就是一个兰花型的孩子，她需要特别的照顾、更好的环境和父母更多的关爱。最后，她不负期望，开出了美丽的花朵。

每个孩子都有自己的特点，有时表现不出色并非因为孩子差劲，而是他们没有找到适合自己特点的环境。父母或者老师应该尽量避免给孩子贴上“愚蠢”“差生”等定性的消极标签，教学环境是按照标准化设置的，并不适合每一个学生。某些在教育标准看来是缺陷的特质，放在另一种环境中或许将成为孩子巨大的优势。

父母应该更多关注孩子的特质，了解他是兰花型的孩子还是蒲公英型的孩子，他们对环境的敏感度是否比其他人更高。然后，给予孩子所需要的“营养”和支持，或者帮助他进入适合他的环境中。不要让一朵兰花在贫瘠的环境中艰难求生，还指责它开不出美丽的花朵。

06 孩子奇怪行为背后的隐情

医生诊断不了的“病症”

你觉得自己的孩子经常有一些无理取闹或奇怪的行为吗？比如，突然不想去上学等。如果孩子是因为生病而不想去上学，你还会觉得他无理取闹吗？当然不会，因为生病是一个很好的理由。

朋友曾告诉过我一件奇怪的事情。朋友有一个妹妹，是家里最小的孩子。她说妹妹从读书开始，身体就不太好，但具体是什么病又说不上来，主要表现就是厌食，无精打采，容易感冒、拉肚子。

妹妹从来没有持续完成任何一个学期的学习，从小学三年级开始就断断续续地上学，常常上两三天就要休息两三天，老师和同学也知道她身体不好，所以只要她感觉不舒服，跟老师请假就可以回家休息了。回到家之后，她通常不会做什么事情，大部分时间就是在床上躺着睡觉或者听收音机。

父母带她看过中医、西医，吃过不少药，但仍不见病情好转，甚至没有医生能说出来到底是什么问题。朋友兄妹三人，她本人和哥哥都很能干，都是高学历，只有这个妹妹勉强读了一个中专学历。

毕业后，家人给妹妹找过很多工作，但由于身体原因都做不了多久就离职了。现在她在父亲朋友的公司做资料保管员，工资不高，但是清闲、自由。

妹妹前几年结了婚，很快又有了孩子。但是他们夫妻感情似乎不太好，两人现在处于分居状态，妹妹自己带着孩子。

朋友告诉我，这几年感觉妹妹似乎变了，好像变得“强壮”了很多，不仅是身体上，精神上似乎也比过去好。但是妹妹的孩子身体却很不好，和她小时候的“病情”很像，而且非常瘦弱。妹妹自己没有多少钱，却时常要花很多钱带孩子看病。她现在很想找一份工资高一些的工作，但是又怕工作太忙没时间照顾孩子。

妹妹想带着孩子和父母一起住，但是姐姐发现了一个问题——妹妹似乎每次回到家就会“生病”。她总感觉妹妹的病以及妹妹孩子的病有些奇怪，但又说不清楚到底是什么问题。

孩子“生病”，是为了获取父母更多的关注

和朋友的妹妹类似，有些父母真的会将孩子养成一个病人，这种情况是怎么形成的呢?

每个孩子都希望得到父母的爱，在孩子比较多的家庭中，子女之间比较容易出现争夺父母的关注和爱的情况。在上面的案例中，朋友和她哥哥也许是采用“好成绩”来获取父母的重视和关爱，但是最后出生的妹妹需要超过他们才能获得父母更多的关注，如果妹妹没有这样的能力，她通过什么方式获得父母更多的关注呢？也许某次生病让她突然发现父母更加关心自己了，也许生病让她的生活变得轻松或者父母对她的要求降低了，即便她不如哥哥姐姐努力，也有了正当的“理由”。

为了得到父母的理解，很多孩子都愿意牺牲自己的健康。朋友的妹妹也许是有意无意厌食，使得健康状况变得糟糕，甚至有意无意感冒，以此逃避学业上的压力。她从小到大学到的获得别人关心的办法或许只有一个——就是“生病”，或者说“积弱”。这种方式会被她带入自己的婚姻当中。她很可能会在自己的婚姻中利用“生病”去控制丈夫，丈夫一开始可能会让步，但久而久之就会觉得疲倦、厌烦，他们的婚姻就会出现问题。

而这样不幸的婚姻，也会给他们的孩子造成压力和很多负面情绪，孩子也许说不清楚这些情绪，他会用什么方式去表达呢？或者说他会用什么方式去回避自己生活中的种种压力呢？也许他就学会了妈妈的处理方式——开始“生病”。当然，还有一些孩子会学着成为一个照顾者，照顾父亲或者母亲的情绪。

当朋友的妹妹生活中没有了父母的照顾，也没有了丈夫的照顾，并且还要自己承担起照顾孩子的责任时，“生病”这种获得帮助和关怀的方式就不起作用了，于是她不得不变得“强壮”。如果此时父母再帮助她，她可能又会开始“生病”，甚至将抚养子女的责任也推给父母。

这种情况其实完全可以避免，前提是父母能够看到孩子“奇怪”或者“无理取闹”的行为背后的原因。

偏差行为是孩子向父母寻求帮助的信号

有些孩子可能极具攻击性，有些孩子可能对父母特别依赖，有些孩子可能非常消极，还有一些孩子喜欢和父母对着干，或者学习时无法集中注意力，厌学……这些行为就是我们所说的“偏差行为”，这些行为背后可能都有一个原因——孩子内在有着巨大的情绪问题，而这种情绪源于某种需求没有被满足。

《为什么成年人难以理解孩子的想法》一文中提到过，孩子的思维和成人的思维差异很大，如果你总是想让孩子解释“为什么”，他可能常常说不清楚，但又不得不说一个他认为“父母可以接受的理由”。久而久之，孩子会被父母锻炼成一个“找理由”的孩子，甚至学会撒谎。他们说不清楚真正的原因，或者觉得真正的原因父母不能接受，除了撒谎没有别的办法。

偏差行为是孩子传递给父母的信号，是孩子在向父母表达自己内心的需求，可是他在提出要求、寻求帮助的时候，却不被理解和重视。而他们由于年幼没有足够的语言能力来表达内心复杂的情绪和需求，只能通过哭喊、破坏的行为去表达，而这些行为常常给父母带来更多的困扰，于是他们干脆给孩子定义为“无理取闹”。还有一些孩子会出现“温和”的破坏行为，比如伤害自己、出现学习问题、生病等。

父母不仅要听孩子说什么，还要观察孩子在做什么，而且不要轻易给他们的行为贴上标签，如果你拒绝了解自己的孩子，他一定会感觉得到，从而在成长过程中和你渐行渐远。

了解孩子并不是一件很困难的事情，因为每一个人都经历过童年和青少年时期，回忆自己儿时的感受和体会，甚至和自己的父母聊聊曾经发生的事情，你就会明白孩子的某些行为并非不可理喻。

如果孩子总是反复出现让你难以理解的行为，你不妨问问自己：他到底想告诉我什么？

07 别让“冒充者综合征”阻止了孩子的成功

为什么她一再错失升职的机会

一周之前，辛迪的上司琳达告诉她，公司的行政总监麦克已经准备退休了，她准备推荐辛迪接替他的职位。琳达觉得辛迪是这个职位的不二人选。她有近20年的工作经验，在本公司任职已经超过10年，曾经负责过两个分公司的筹建。而且她为人低调、谨慎、细致，人际关系良好。前行政总监麦克也有意将这个职位交给辛迪。

辛迪一开始听到这个消息时非常兴奋，她觉得这是对她最大的认可。然而不久之后，她开始感到焦虑，前行政总监麦克拥有某常春藤学院博士学位，曾在3个国家的大型企业中任职，和董事会成员关系良好。而自己和他比起来，简直差得太远了。

不久之后，辛迪又听说了另一件事，这让她更加担心起来——除她之外，还有另外两名竞争者：一位来自集团公司，一位是猎头找到的候选人。

她的担忧越来越多，她确实在公司工作了很多年，经验不少，但是她真的有资格胜任吗？她的能力配得上这个职位吗？那些见过世面的董事会成员，随便和她聊聊天就知道她的能力如何了吧？他们会不会一眼就看出来她不能胜任这个职位？还会有竞争者？他们是怎样的人？他们会不会更有经验？

面试那天，董事会的3个成员问了她一些常规问题，然而她回答得乱七八糟，就像一个新入职的应届生。她看见一位董事对着另一位微微地摇了摇头，她知道自己拿不到这个职位了。

不久之后，新的行政总监到了。通过几个月的相处，辛迪发现新总监在工作上并没有比自己高明，甚至经验也不足。琳达非常替辛迪惋惜，因为作为一位上司和多年的同事，琳达非常清楚，辛迪完全有能力胜任这个职位。但是董事会给琳达的反馈却是，他们感觉辛迪没有信心承担这个职位的责任。

辛迪在职业生涯中一直面临着一种矛盾的痛苦，她工作非常努力，但升职速度却很慢——每次面对晋升机会的时候，她就觉得自己没有能力胜任。即便已经被提拔，她也时常有一种担忧，觉得自己根本没能力。她比同级别的人努力很多，工作尽善尽美，却常常担心有一天别人看出她能力有限，这种担心也阻止了她主动争取更高的职位。

“名不副实”的人

苏珊·艾姆斯（Suzanne Imes）和波林·罗斯·克朗斯（Pauline Rose Clance）这两位心理学家在20世纪70年代最先描述了辛迪这种症状，她们将此种现象称为“冒充者综合征”（Impostor Syndrome）。

这种综合征通常出现在成就较高者身上，这类人并不认为自己的成就源于自身某些特质上的优势，他们往往将成功归因于外在因素，比如运气。和自大的人一样，他们也是一群难以正确评价自己表现的人。只是他们和自大的人感觉正好相反，他们觉得自己配不上目前所拥有的地位或者名气。他们努力的动力，常常源于恐惧别人某天发现他们名不副实，而并非内心的激情或者目标感。对于外界的肯定，他们往往表现得没有底气。

虽然“冒充者综合征”并没有被纳入《精神障碍诊断与统计手册》，心理学家却发现这种现象存在于不少人身上，尤其是在那些有较高成就的人身上出现。艾姆斯说，这类人往往会默默承受自己的感受，他们并不能坦然接受自己的成就，因为他们觉得自己根本没有别人认为的那么好。

英国著名女演员艾玛·沃特森（Emma Watson）也是一位“冒充者综合征”患者。她曾在Vogue[1]的一篇采访中说，她其实常常怀疑自己的表演才能，当受到那么多赞美的时候，她会觉得自己是个“骗子”。她说：“我做得越好，别人越夸赞我，我内心那种没底气的感觉就越甚。我好怕有一天，别人发现我根本不配拥有现在这样的成就。即便演完《哈利·波特》之后，我也没有觉得自己可以成为一个演员。我觉得自己只是运气好，我需要别人来肯定我。”

大多数“冒充者综合征”患者会错失非常多的机会，因为他们内心没有底气去接受一些高难度的挑战，或者他们获得了较高的成就，但因为怕别人知道自己名不副实，从而非常努力地去完善自己的工作，以维护自己目前的成就。

形成“冒充者综合征”的原因

很多心理咨询师发现，“冒充者综合征”与“完美主义人格”高度相

1 由美国康泰纳仕集团出版发行的一本综合性时尚生活类杂志，内容涉及时装、化妆、美容、健康、娱乐和艺术等各个方面。——编注

关。人格的形成与成年前的生活环境有密切关系。本文案例中辛迪的成长经历，或许可以部分解释这种心理状况出现的原因。

辛迪有两个哥哥，他们从小就聪明过人，一直都是她的“魔咒”。辛迪的童年几乎是在两位哥哥的光环下度过的——她很努力取得的成绩，两位哥哥似乎轻轻松松就获得了。在一个家庭里，聪明的孩子似乎总能得到父母更多的关爱，在两个哥哥面前，辛迪总觉得自己获得的成绩不值一提。辛迪一直记得，每次告诉父母自己的考试成绩之后，爸妈就会说：“查理或者乔当年这门功课是‘A+’，不过亲爱的，我们知道你已经努力了。这就够了。”

辛迪从小得到的评价都是——你是个很努力的孩子，然而不太聪明。

一个孩子对自我的认识往往是从父母对他的评价开始的。那些得不到父母认可的孩子，自尊感往往比较低。低自尊感的孩子，成年后即便取得了成就，也很难相信这一切是他们应得的，他们会认为这一切是运气好的原因。若下次他们没有这种运气该怎么办呢？

很多“冒充者综合征”患者都是一些高成就者，由于对自己目前的成就没底气，他们就越发努力，以降低内心这种没底气的感觉，而努力往往会带来更高的成就，更高的成就则会让他们更加担心自己名不副实……这是一种恶性循环。他们努力的动力，更多的是源于一种恐惧感，而不是满足感。他们是一群高成就、低自尊感的焦虑者。

如果一个孩子有这样的感觉，他会有什么表现呢？他可能会对自己学业上的成就不自信。他会怀疑自己的学习能力，不认为自己能取得优异的成绩。还有一些应届生觉得自己找不到工作。这样的信念会阻碍他们积极的行动，他们会将注意力集中在消极面上，比如自己能力不足的地方，以及如果失败会有什么后果。这使得他们的精力被逐渐消耗在恐惧和焦虑等情绪上，导致失败的可能性反而更大。

如何克服“冒充者综合征”心理

如果你已经是成人，在事业上总是畏畏缩缩，担心自己根本不能胜任现在的工作，也不敢接受更高的挑战，这种心理的来源，很可能是你潜意识中想向某些重要的人证明你的能力或价值，而这些人并不知道你正受苦于此。你可以尝试以下方法。

首先，你可以询问他人，觉得你有什么优点，是否为你自豪，等等。曾有人告诉我，她一直很努力地工作，甚至连休假都觉得是一种罪恶，她将大部分打工挣的钱都寄回了家，帮家里盖了新房，而自己生活却十分俭省。有一年春节回家，她父亲对亲戚说了一句：“我这个女儿比儿子争气，这些年家里的生活费基本都是由她负担的，连房子也是她花钱盖的。”听完这句话，她跑进房间大哭了一场，她才发现原来自己这么多年的辛苦其实就是为了得到父亲的这句话，为了得到父亲的认可。

其次，假装自信，直到你真的感到自信。即便你心里根本不认可自己，你也可以假装自己能胜任这份工作。从错误中学习，而不是用错误去证明自己“不能胜任”的信念是对的。

如果你发现自己的孩子是这样，你需要给予他肯定和认可，帮助他发现自己的优势。最重要的是，别拿他和别的孩子比较。作为父母，如果你觉得自己孩子不如别人家孩子好，只能说明你还不够了解自己的孩子，你还没发现他的长处和优点。

08 不能治愈的孤独感，会伴随孩子一生

每次有家长问我：“我的孩子最近越来越厌学了，怎么办？”“我的孩子说他不想再上学了，怎么办？”“我的孩子成绩越来越差了，怎么办？”我都建议他们回去问孩子一个问题：你在学校里感觉孤独吗？

大概进入初中以后，孩子对同龄人亲密关系的需求会越来越强烈，他们极度渴望同龄的朋友，而学校是他们获得友谊的主要场所。如果孩子对你说他不愿意去学校，你应该先问他：你是否在学校里感觉孤独？检查一下他与同龄人建立关系时是否出现了问题。

12～18岁这几年，是一个人开始学着和非血缘关系的人建立稳定、亲密关系的时期。这个时期如何度过，会影响到一个人未来人际关系的建立。

青少年的孤独感

心理学家发现，归属于一个团体以及拥有亲密关系是人类的基本需求之一。当这种需求得到满足时，人们的生活、身体和心理都会呈现一种健康的状态，可以适应环境中更多的变化、挑战和压力。如果这些需求不能

得到满足，身体就会分泌很多压力激素，人的学习能力和记忆力都会受到影响。长期无法获得归属感或者缺乏社会支持，会给人带来情绪上的不适和痛苦，这种感觉我们称为“孤独”。

孤独会带来一系列负面的情绪，比如悲伤、空虚、孤立、疏远等，所有这些感觉都会给人带来心理压力，影响一个人正常的生活和认知功能。

尤其是在孩子15～18岁这个年龄段，他们的身体和心理开始出现一系列变化，他们的社会期待也开始改变，开始承担越来越多的社会角色，也开始形成新的社会关系。这个阶段的青少年，与同龄人相处的时间越来越多，他们开始学着和同龄人发展出更加稳定、亲密的关系。

由于一系列的转变接踵而至，青春期孩子的孤独体验会比较多，但他们可以通过参加活动、与朋友相处来排解这种不舒服的感觉。遗憾的是，并非所有孩子都知道怎样排解孤独。有一些孩子长期忍受孤独，却无法通过参与同龄人的活动去排遣。这样的孩子可能患上了一种被称为“慢性孤独感”（Chronic Loneliness）的心理疾病。

关于慢性孤独感

一项由美国杜克大学和比利时鲁汶大学合作的心理调查研究发现，在青春期有慢性孤独感的孩子，可能一生都无法摆脱这种孤独感。因为他们的认知和同龄人有着极大的偏差。有慢性孤独感的青少年，会用自我贬损的方式解读同龄人的接纳与排斥。

这项调查设计了一套心理测量表来测试孩子们对“接纳”和“排斥”场景的解读，比如：

● 学校外面开了一家新餐馆。你的同学都打算去试试，他们也叫上了你。（被接纳的场景）

● 你打开自己的朋友圈，发现很多同学都放了同一个聚会的照片，但是你却没有被邀请。（被排斥的场景）

那些社交体验比较积极、正面的青少年，会将被同学邀请一起吃饭归因为内部因素，即他们受同学的欢迎；将没有被同学邀请参加聚会归因为外部因素，比如同学忘记，或者同学以为他不想参加，等等。

但有慢性孤独感的孩子会认为，被同伴邀请参加活动是由于外部原因促成的，比如运气好、碰巧等；被同伴排斥参加集体活动则是由于自身因素造成的，比如自己是一个令人讨厌的人、自己很笨、自己太胖等。正是因为这种解读，这些孩子会体验到更多负面的情绪，比如悲伤、自卑、失望、愤怒、嫉妒、焦虑、没有安全感等。

即便他们想融入一个群体，这些负面想法和感受也会阻止他们采取行动——因为他们已经认定自己是一个不受欢迎的人。面对被排斥的场景，他们会更加自责，认为自己是一个失败者。这种自我认知会阻碍他们参与活动，阻碍他们结交更多的人，因为越多的人认识他们，就意味着越多的人知道他们是失败者。

但是众所周知，社交技能是通过参加社交活动来获得和提高的，越少参加同龄人的活动，社交技能就越差。随着年龄的增长，这类孩子会在公众场合表现得更怯懦、退缩、幼稚。这些表现又会进一步削弱他们的自尊感。最终，他们会从一个孤独的青少年，变成一个孤独的成年人。

如果你发现自己的孩子可能有这种问题，该怎么办？

首先，你要知道，你的孩子很需要帮助，但是他可能羞于表达或者无法表达。

其次，改变他的认知。让他知道，如果他被同龄人邀请参与活动（比如一起吃饭、做运动等），是因为他自身的原因；如果他没有被邀请，是外部的因素，比如大家不知道他也想去等。

社交技能可以通过学习和运用得以提高，如果你想提高孩子的社交技能，就要鼓励和引导孩子多参与同龄人的活动，并且教给他一些社交的技巧。

09 孩子的噩梦代表了什么

很多孩子都有做噩梦的经历。我们应该怎样看待孩子的噩梦？应该重视它们吗？应该怎样去解读？怎样帮助孩子解除对噩梦的恐惧？

为什么总是做同一个噩梦

某次，我和朋友聊天时聊到“梦”这个话题。朋友说自己小时候常常做一个噩梦——梦里她穿着平常穿的一件绿色毛衣，站在一个洞口往里看，洞很深也很黑，什么都看不见，她趴在洞口看着看着，突然掉了下去，然后就吓醒了。她说，做这个梦的时候大概4岁，那个年龄很多事情她都记不清，却总是记得这个梦，因为这个梦常常出现。关于这个梦的细节她都能记得如此清晰，可见这个梦曾给她造成多么大的恐惧。

我问她被吓醒之后有没有告诉过父母，她说记不清了，即便告诉了父母，父母顶多就是安慰一句“只是做了个梦而已”。

然而，这个梦能说明什么吗？心理学大师阿德勒认为，我们做梦是有目的的，梦是为了引发某种情感。虽然我们的梦境可能很夸张，甚至没有逻辑可言，但是梦中的情感和清醒时的情感却是一致的。梦境本身并不一定能说明什么，但是梦境中的情绪却与我们现实生活中的情绪是一致的。如果白天一直在经历焦虑的情绪，这种情绪就很有可能出现在梦境中，甚至在梦境中表现得更加强烈，因为在梦中没有常识的约束，情绪更不容易被压抑。

朋友小时候的这个噩梦，说明了她当时心里强烈的不安全感——一个小孩独自站在洞口，没有成人照料，她在看一些让自己很恐惧的东西，危险降落在她身上，也没有人拯救她。

我问朋友，那段时间家里出现过什么事情吗？朋友说特别的事情倒是没出现过，只是小时候父母感情不好，总是吵架，有时吵得厉害父亲就不回家了，或者母亲抱着她回娘家。还有一些时候，半夜醒来屋里只有她一个人，父母可能又吵架了。她还记得，有一次半夜醒来，父母都不在家，她很害怕，想出门找父母，走到门口却开不了门，因为门锁太高了，她摸不到，后来就坐在门边睡着了。

这样看来，似乎就可以解释她为何做这样的梦了——她的生活常常给她一种不安全的感觉，在她害怕、恐惧的时候，没有一个人在她身边，她不知道发生危险以后能够依靠谁，这种对危险未知且无所依靠的感觉，让她非常焦虑。但是她无力改善父母的关系，这种无助、焦虑的感觉经常存在于她的生活中，于是她在入睡后就做了这样的梦。

噩梦的源头是真实的生活事件

很多小孩都会做噩梦，而且孩子的噩梦似乎比成人更多。即便他们的生活中看似没有特别重大的伤害事件或者意外发生，噩梦也常常如影随形。

美国精神医学学会认为，3～5岁的孩子中，可能有一半人都经历过至少一次噩梦。渥太华大学心理学与睡眠实验室的约瑟夫·德·科尼克（Joseph De Koninck）教授认为，大概有10%的孩子会经常性地做噩梦，甚至一周超过一次。

噩梦是儿童发展阶段比较正常的现象。当一个人经历生命中的新事物或陌生事物时，恐惧的感觉就会出现。孩子正处在成长阶段，他们比成年人更容易经历新鲜和陌生的事物，加上他们的身体也在成长，正在发育的大脑活跃度比较高，正在逐步获得更多的心智能力，而且他们的社交生活圈也在渐渐扩大，这一切的变化都可能会引发儿童的很多情绪，这些情绪促发了噩梦的形成。

换句话说，噩梦的源头是真实的生活事件。

如何解决孩子做噩梦的问题

有些孩子的噩梦来源很简单，比如，晚上听了一个可怕的故事，看了一场可怕的电影，或者参加了一场令他害怕的游戏，做了一次过山车，等等。这样的恐惧感很可能随着时间过去而很快消失。

孩子的噩梦也可能来源于生活中的一些事件，这些事件让孩子感觉到持续的压力和焦虑。这些事件可能包括他的学校生活、同伴友谊、父母的婚姻问题、亲人的过世等。很多时候，孩子没有办法处理这些事件，也不知道如何求助，这些事件对他们心理的影响就会在梦中反映出来。

如果孩子只是偶尔做噩梦，父母不用太担心，也不用过度解读他的梦境。父母需要做的，就是当孩子讲述自己噩梦内容的时候，表现出倾听的兴趣，给孩子创造一个安全、舒适的环境，让他们去探索梦中的想象和感觉，去尝试理解自己的梦。有时孩子讲出自己的噩梦之后，情绪的压力就得到了释放。

父母听孩子讲述梦境的时候，不用特意关注这个梦到底是什么，唯一需要关注的是孩子梦里的情绪是什么。如果孩子对这个噩梦感到很恐惧，可以尝试让他把这个梦画下来或者写出来，在这个过程中，他会对恐惧有一种控制感。父母还可以鼓励孩子重新编写这个梦，鼓励他为这个噩梦编造一个喜剧的结尾。

如果父母希望孩子不再做噩梦，可以在他每天睡觉前，和他谈谈白天让他感觉烦恼的事情，让他在睡觉前表达出自己的情绪。

如果孩子持续不断地做噩梦，父母就需要多加留心。可以探寻孩子日常生活中正在经历什么、发生过什么，看他是否经历过让他恐惧的事件，孩子有没有过一段时间情绪不稳定，有没有特别容易发脾气，是不是有自己难以处理的痛苦，比如丢了东西、受到挫折、遭到不公正的对待，家里最近有没有出现突发事件，比如搬家、转学、亲人过世或者父母吵架、离婚等。

如果找出了原因，可以给予孩子一些帮助，帮他减少生活中的压力。如果父母总是找不到解决方法，而孩子又一直做噩梦，父母就应该带孩子进行心理咨询。

CHAPTER

5

如何培养高情商的孩子

与智商的培养不同，我们没有一套专门的教育体系去培养孩子的情商，因此，对于如何学会觉察并管理自己的情绪，孩子往往都是从与身边人的互动中学会的，而父母在这个过程中起到了非常关键的作用。可以说，对于孩子情商的培养，父母是孩子的第一位老师，并且是最重要的老师。

01 培养人格独立又懂得尊重的孩子

一位父亲和一位母亲的故事

一位父亲是一个公司的老总。他平时不苟言笑，对下属也十分严厉，大家和他相处时都小心翼翼。然而，他对自己的儿子却唯命是从。他的儿子是一个非常没有礼貌的年轻人，总爱惹是生非。每次他想办法把儿子介绍进朋友的公司工作，他儿子干几个月甚至几天就会离职，这位父亲为此得罪了不少朋友，以至于没人愿意再帮忙接收这个年轻人。

即便父亲已经动用了所有的人脉关系帮儿子找工作，儿子却并不领情，埋怨父亲总给自己找一些“低端”的工作，工资不高、工作辛苦或者没有前途。然而，那些工资高或者有前途的工作，他却没有能力胜任。儿子这样无理的表现并未引来父亲的反思，反而让他感到非常内疚。在儿子生日那天，他为儿子买了一辆豪车以示歉意。

再来看一位母亲的故事。罗莎在儿子两岁的时候和丈夫离婚，此后又经历了一段婚姻，但并不幸福，不久再次离婚。两次失败的婚姻让罗莎感到很绝望，儿子成了她的精神支柱。到儿子青春期的时候，她感觉自己已经完全无法控制孩子。孩子经常逃学，夜不归宿，或者带一些奇怪的朋友回家住，她已经没有办法干涉。每次问儿子在做什么，儿子就嫌她烦。如果问得太多，儿子会把她赶出卧室，或者威胁她要离家出走。她很怕失去儿子的爱，完全不敢管教他。

这两个案例可能很极端。大部分孩子并不会走到这一步，但有一个现实却不能忽视——现在的孩子似乎更加叛逆，也更加不懂得尊重别人。一个不懂得尊重别人的人，将会面临紧张的人际关系以及并不和谐的婚姻关系。

来自孩子的“家庭暴力”

过去，我们都认为孩子害怕父母，但如今真实的状况却是父母越来越害怕自己的孩子。在过去一个世纪中，家庭的关系似乎发生了逆转（无论是东方还是西方），从绝对的家长权威制，演变为现在常见的“孩子被娇纵，父母权威越来越弱”的局面。

为什么会这样？现代父母都更加开明，希望孩子有一个更加自由的成长环境。同时，当今社会中关于如何教育孩子的呼声也几乎一致偏向于对孩子“不打不骂”，家长对孩子的管教方式越来越“温和”。此外，有些父母童年的时候可能没有受到自己父母的良好照顾，他们对孩子宠溺有加，其实是对自己童年的一种补偿，比如，“小时候父母总是不能满足我，我现在要尽量满足自己的孩子”。

现在的父母越来越少对孩子说“不”，越来越害怕伤害孩子的感情，叛逆、难以管教的孩子也越来越多。

美国一位儿童心理问题咨询师肖恩·格罗弗（Sean Grover），提出一个概念——来自子女的家庭暴力。当说到“家庭暴力”的时候，我们想到的可能是来自伴侣的暴力，但是家长有没有注意到来自孩子的家庭暴力呢?

那个曾经可爱的小天使，某天开始对你冷言冷语，甚至辱骂嘲笑，一旦你没满足他的要求，他就发脾气或者对你使用冷暴力甚至威胁，你非常害怕失去他的爱，不知道除了想办法满足他还能做什么。

你们的关系变成一个施虐者和受虐者的关系，你可能会觉得没问题，因为那是你的孩子。肖恩·格罗弗发现，很多正在遭受这种暴力的家长会为孩子的行为找借口，甚至责怪自己不好。肖恩·格罗弗认为，孩子对父母的这些不尊重的行为，反映出一种消极的亲子关系，其实并不正常。

什么样的父母会培养出有家庭暴力倾向的孩子

无论多么和睦的家庭，父母和子女之间都会有冲突。它是两代人之间的冲突，是一个时代与另一个时代的冲突，谁都无法避免。

冲突并非不好，在成长的阶段，叛逆是值得鼓励的现象。因为孩子在成长中通过反抗权威这种行为形成“自我”，为他们今后渐渐脱离父母做准备，同时也帮助他们形成自己的身份定位。没有父母希望自己的孩子长成一个太温顺的人，因为太温顺会被别人欺凌，从而可能导致焦虑障碍或者抑郁症。

孩子在渐渐长大的过程中，会试探父母的界限。如果家长设定了自己的界限，孩子就会知道控制自己的行为，尽量不去越界。相反，如果孩子在试探父母界限的时候，父母并没有明确的态度，或者一再后退，孩子就会越界，直至发展为家庭暴力。试探界限的行为包括顶嘴、打破父母设置的规则等。

试探界限、开始有反抗意识的孩子，是否一定会变成对父母采用家庭暴力的孩子呢？绝对不是。那些最终会对父母使用家庭暴力的孩子，其实是父母一手栽培出来的。

肖恩·格罗弗发现，有3种父母更容易养育出有家庭暴力倾向的孩子。

- 内疚型父母——他们自己的生活出了问题，比如生病、出现财务困难、和伴侣离婚等，他们为此感到内疚，觉得对不起孩子。为减轻内疚感，他们会给孩子太多自由来进行补偿，对孩子的行为毫无限制。
- 焦虑型父母——这种父母总是担心很多事情，并且将自己的焦虑不加掩饰地展现出来。他们会对孩子说“我不相信你”“你做不到”之类的话，这些话会引发孩子巨大的挫折感，从而引起孩子的愤怒和对父母的怨恨。
- 包揽型父母——这种父母不愿意看见孩子经历挫折，他们不给孩子尝试自己解决问题的机会，总想做孩子的大英雄。因此孩子对他们的要求越来越多，永不满足。这类父母给孩子的越多，就越难以从孩子那里获得感激。

如何培养出人格独立又懂得尊重的孩子

其实解决整个问题的关键在父母自己身上，暴力只是家庭内在关系不平衡的一种表现。父母自己的童年经历以及他们和伴侣的关系，是解决孩子家庭暴力问题的关键。

父母的童年经历是怎样的？他们以谁为模型在塑造自己的亲子模式？他们童年的时候被自己的父母用暴力对待过吗？他们在成长过程中，父母的角色是否缺位？父母是否无视他们的需求？他们与伴侣的关系和谐吗？

婚姻是否让他们感到很疲倦、很无趣，因此他们只能期望从孩子那里得到爱？他们是否把对婚姻的怨恨发泄在了孩子身上？

父母首先要做的是照顾好自己。你能否照顾好自己，和你能否照顾好孩子息息相关。当一个家庭的内在关系处于失衡状态时，孩子内心很难平和。

还有一点很重要——父母要明确设置自己的界限。比如，在家里哪些粗鲁的语言不可以使用，做什么事情必须经过同意等，如果做不到，后果会怎样。

此外，父母还可以通过以下几条建议，来培养人格独立又懂得尊重的孩子。

首先，给孩子树立一种有教养并且能够控制自己情绪的榜样。孩子会模仿你与他人相处的模式。你和孩子讲道理，他们大概只能听进去10%，而你真正做了什么，他们会模仿90%。如果你是一个没耐心、脾气暴躁、总是采用威胁手段对待别人的人，你的孩子也会变成你这样，而且第一个针对的就是你。在孩子还小的时候，你可能感觉不到孩子的这些特点，但是当他们长大，渐渐拥有更多能量的时候，这些行为就会表现出来。

其次，了解孩子使用暴力对待你的原因。他们是否在学校遇到了什么障碍，让他们非常受挫，所以才把你当成了出气筒？他们是否在学习上遇到了问题，以至于随时处于紧张焦虑的状态？

如果你能找到他们焦虑的原因，就能够降低他们出现愤怒的频率。

再次，在家庭中建立一个相互尊重的氛围，永远不要让你的孩子不尊重你。孩子能用语言表达出来的情绪是有限的，他们需要从父母那里学会如何用言语表达自己的情绪。

在相互生气的环节，父母不要有所反应，要快速按下暂停键。保持你的领导力，不要采用侮辱的方式回击孩子。如果此时你也采用暴力的方式回击孩子，就给自己的家庭创造了一种暴力的文化。

最后，和你的伴侣联合起来。如果你和你的伴侣都发现孩子有家庭暴力的倾向，你应该和伴侣联合起来，共同纠正孩子的这个问题。如果你们能达成一致找到解决办法，这个行为问题就很容易解决。

在宽松的、温和的教养方式下，父母能够培养出孩子尊重别人这个品质，前提是要让孩子清楚地知道你对“尊重”的定义是什么。

02 如何提高孩子的社交能力

说到社交技能，你觉得孩子应该从几岁开始学习这项技能？还是说社交技能是人进入职场以后才应该修炼的东西？

本文不仅仅是谈论社交技能，还要讨论孩子应该从几岁开始学习“软技能”（Soft Skills），这些软技能包括社交技能、自我控制力、合作能力等。

为什么要讨论这一点？现在很多国家通过对青少年的研究，都发现一个共同现象——青少年犯罪越来越多，越来越低龄化，手段越来越残忍。当然“犯罪”这个词可能用得过重了一些，但青少年很容易习得一些不良的行为，比如吸烟、斗殴或过早发生性行为等。

全球化的趋势使得传统伦理崩溃，家长无法再指望用“三纲五常”去约束青少年，既然无法约束，又该如何引导他们呢？

青少年的心理发展特点

12～18岁属于青少年时期，是人一生中最为躁动的年纪，身体的巨大变化和大脑完全定型几乎都在这几年发生。很多父母对这个年纪的孩子感到束手无策，因为他们对人生似懂非懂，开始反叛父母的约束，挑战身边的权威，极力想证明“自我”，想融入某一个团体，以证明自己人生存在的价值。但有时候，他们的“证明”过程却极具危险性，甚至毁灭性——有些青少年会用“犯罪”的方式来证明自己的价值和存在。

一失足成千古恨。有些事情发生以后，后果是不可挽回的。既然不可挽回，有没有什么办法可以预防这些危险事件的发生呢？很幸运，美国杜克大学在20世纪90年代开启的一个针对青少年心理的研究项目，在最近得出了分析结果。该研究持续了数十年，从孩子上一年级开始，一直研究到他们10年级结束。参与研究的学生将近900人。这个项目首先请老师和家长挑选出一些他们认为可能有暴力倾向的孩子，然后将这些孩子分为两组。一组学生在之后的学习生涯中专门学习自我控制和社交技能的课程，另一组学生则正常进行学业。

结果我们也许能猜到，专门学习自我控制和社交技能课程的学生，在青少年时期更少参与犯罪活动，更少需要进行心理咨询或者行为矫正。为什么会这样？儿童时期哪一个阶段是学习这些技能的关键期？我们又应该教给孩子哪些软技能？

研究人员发现，孩子在6～11岁这几年间学到的社交技能和自我控制能力，将决定他们未来是否会出现不良行为，甚至参与犯罪。

重点教给孩子哪些软技能

软技能包括很多，即便最认真的父母也很难做到面面俱到。所以，要抓住最重要的技能去培养。对于这个问题，杜克大学这个项目的主要负责人道奇（Dodge）教授给出以下3点建议。

- 自我控制能力（也称为自律能力）。不用说你也能明白它的重要性，自律能力是贯穿人一生的能力，主要在孩子6～11岁期间形成。一个不能独自完成家庭作业的孩子，不能指望他以后勤勤恳恳干工作，因为他很难在无监督的情况下自觉完成本职工作。
- 合作能力。这种能力常常是孩子们通过一起玩游戏形成的。不要小看孩子之间的游戏，他们是在模仿成年人的交往模式。问问你身边那些人见人爱的人，他们小时候是不是也是备受欢迎的孩子？
- 判断自己行为后果的能力。很多罪犯在陈述罪行的时候都说："我不知道会变成这样。"也许他们当时真的不知道，因为他们没有在恰当的时候培养出判断自己的行为会引起何种后果的能力。

华盛顿一位专注于儿童和青少年行为问题的心理专家伯恩斯坦（Bernstein）非常同意以上观点，这和他30年来观察到的情况相符合。此外，他还想加上一点——同理心。什么是同理心？同理心就是体会别人感受的能力。当一个人具备同理心的时候，就不太可能伤害别人的身体或者感情，有同理心的孩子参与暴力活动可能性很小。

虽然对于孩子的软技能训练是学校和家庭共同的责任，但现实却是，学校的焦点主要在培养孩子的"硬技能"——知识性的能力。既然学校不可指望，父母们就更要努力，毕竟孩子是你的孩子。

03 孩子“友谊的小船”说翻就翻，家长应该怎么帮

缺少朋友的孩子

一位心理咨询师讲述过这样一个案例。

辛西娅带着她12岁的女儿艾达来到我的咨询室，她说女儿最近的饮食似乎出现了一些问题——吃得太多。虽然进入青春期的孩子食量可能增加，但是艾达的表现实在有点儿过分。老师告诉辛西娅，艾达每天都带着午餐去学校后面的一个小空地上吃，还要买很多零食，一直吃到上课。有时上课她也忍不住吃零食。如果老师批评她，她就会哭。辛西娅也发现了这个问题——艾达回家以后也不停地吃东西，并且不爱讲话。如果妈妈阻止她继续吃或者批评她，艾达有时候就会情绪崩溃。

辛西娅带来一份艾达的体检报告，除了体重略微超标，其他并没有什么问题。很明显，艾达在用饮食缓解一些心理上的痛楚。经过两次咨询以后，我搞清楚了艾达的问题，她真实的问题源于她的人际关系。

艾达一年多以前转到现在这个学校，入校之后，她很快和邻桌的一个女孩成了好朋友。这个女孩在班上还有其他一些好友，她平时也会邀请艾达和她们一起玩。但是艾达似乎并不太喜欢那些女孩，即使一起玩，艾

达也只是和自己这个好朋友待在一起。后来邻桌这个女孩的父母去巴黎工作，也将她带走了。艾达发现其他几个女孩渐渐疏远了她，甚至对她恶意满满，有时还在别的同学面前说她的坏话，以至于越来越多的人不喜欢她。在此期间，艾达开始出现饮食障碍。

友谊对孩子有多重要

我常常遇到很苦恼的父母，他们向我表示，不知道该怎样帮助孩子融入新环境，或者不知道怎样教自己害羞的孩子跟别的孩子交朋友。一位父亲告诉我，有一天儿子对他说，别的小朋友都不喜欢和他玩，也不让他玩玩具。父亲听后感觉既心痛又愤怒，他打电话向老师进行控诉，情况好了一些，但不久之后又恢复原状。

友谊对任何年龄阶段的人都很重要，良好的友谊能够使人心理健康。孩子的友谊对他们的社会发展和情绪发展至关重要。通过与别人建立友谊，孩子才能学会如何与家庭以外的人建立亲密连接，他们的社交技能也是从与别人的相处中发展而来的。

大多数孩子是希望有朋友的，相比没有朋友的孩子，那些拥有朋友的孩子可能更加自信，学业表现也更好。当一个孩子难以与别的孩子交朋友，难以维持一段友谊的时候，他往往对自己感到不满意。

作为父母，其实并没有办法直接帮助孩子交朋友。所以，如果孩子说他没有朋友的时候，父母会感到心痛，却又无能为力。但是父母可以教给孩子如何结交新朋友，以及如何维持一段友谊的方法。

父母如何教孩子开始并维持一段友谊

◆ 第一步：打开友谊之门

每一段友谊都开始于两个人有兴趣做彼此的朋友。所以，友谊产生的第一步，就是让别人接收到一个信息——我喜欢你，我想和你交朋友。

学龄前的孩子如果想交朋友，他们通常会直接问："你愿意和我玩（做朋友）吗？"但是稍微大一点儿的孩子就不会这么直接了。所以，父母首先要让孩子学会传递出"我想和你交朋友"的信号。

传递方法之一：打招呼。害羞的孩子做到这一点很难。如果别人向他打招呼，他可能会把头转向一边，或者只是含糊地回应对方。这可能是因为他们觉得尴尬或缺乏自信。但他们这样做却让别人收到了误解的信息——我不喜欢你，我不想和你有什么关系。如果你的孩子是因为这种情况交不到朋友，你需要教孩子如何向别人打招呼。

打招呼虽然只是一个简单的行为，却包含很多元素，比如眼神的接触、微笑，将声音提高到让对方能听清的程度，甚至叫出对方的名字。

传递方法之二：赞美。赞美是另一种向别人传递"我喜欢你"的方式。每个人收到真诚的赞美时都会很开心，也会喜欢那些能够觉察并欣赏自己特质的人。

帮助孩子想出一些真诚但不浮夸的赞美语。比如，打球的时候可以赞美别人"好球"，绘画课上可以赞美别人"你这朵花画得好美"，平时见到同学也可以称赞他们的服饰。

传递方法之三：善意。小小的善意也能传达出"我喜欢你"的信号。比如，把自己的东西借给别人，帮同学拿东西，或者跟同学分享一顿午餐。爱出必然爱返，你对别人友善，别人也会对你友善。展示善意，是开始一段友谊最好的方法。

研究发现，那些展现出善意的孩子最受欢迎。有些孩子知道善意的重要性，却不知道如何展示出来，他们会尝试“购买”友谊，比如，给同学钱，或者让别人玩自己昂贵的玩具。而这种行为对发展一段真诚的友谊并没有帮助。被“购买”友谊的孩子，很可能会拿走任何他们想拿走的东西，不仅不会回馈，还会对你的孩子失去尊重。所以，不要教你的孩子“购买”友谊。

◆ 第二步：寻找相似性

强调相似，而不是差异。很多儿童发展相关的研究都发现，孩子倾向于和那些他们认为像自己的孩子交朋友。所以，孩子的朋友常常是他的同龄人、同一性别的人，和他来自同一社区、有相似的家庭背景，有同样的兴趣和差不多的成绩。

很多孩子不理解，要想与一个人交朋友，就需要与这个人相似。他们想表现得和别人不一样——通常会炫耀自己什么都知道，或者什么都拥有，以此来吸引别人。这些孩子其实想传递的信号是——我希望你喜欢我，但另一个孩子收到的信号却是——我比你好。

这样的表现无助于开始一段友谊。友谊源于平等，如果孩子总想表现得高人一等，让别人崇拜他，就很难交到朋友。

如何发现相似性。还有一些孩子，不擅长发现自己和别的孩子的相似之处，你可以用下面的方法帮助他提高这一认识。

教孩子画两个重叠的圆圈，一个代表他，另一个代表另一个孩子。重叠的部分代表他们的共同点。你可以让孩子自己找出这些共同点，也可以通过提问引导他去寻找。当孩子发现别的孩子与自己有很多相似之处的时候，会更愿意去建立这段友谊，也更容易开展一段友谊，因为他知道了正确吸引同伴的方法。

第一步只是打开了友谊之门，而第二步将决定谁会走进这扇门。

◆ 第三步：分享乐趣

要想友谊长久，需要双方都能够从这段关系中获得乐趣。心理学家约翰·戈特曼观察了那些相互不认识的孩子是如何发展出友谊的。他发现，孩子们在多大程度上能分享一项活动，能够预示他们友谊的发展程度。

要想和同龄人维持一段友谊，孩子需要让别的孩子喜欢自己。他们要学会达成协议，共同享受活动中的乐趣，学会回避或者解决分歧。孩子的有些行为会在这一层面破坏友谊——无视其他孩子的需求，拒绝分享玩具，对别的孩子颐指气使、大吼大叫，甚至出手打人。如果两个孩子在一起玩耍的时候不能获得乐趣，友谊就无法持续。

如果孩子刚结交了一些朋友，有一个小方法可以教给孩子——邀约朋友参与自己的私人活动。这是一个巩固友谊的好方法，你可以鼓励孩子邀请朋友来家里玩，并且在别的孩子来到前，教他如何成为一个合格的小主人。你可以告诉他：一个合格的小主人会让客人玩得开心，尽量满足客人的需求，不会和他们争吵；他会待在客人周围，不会扔下客人和其他人玩；如果有特别的玩具，和客人分享也是个好办法。你也可以鼓励孩子邀请别的孩子进行一次活动，比如打球、烘焙、看电影等。孩子的友谊会通过共同的活动得到发展，但前提是他们都能从这些活动中获得乐趣。

04 让愤怒成为孩子的好朋友

很多人把“愤怒”定义为一种负面情绪，“负面”即不好的意思。可是愤怒真的负面吗？在回答这个问题之前，我先讲一个故事。

“愤怒是我最好的朋友”

故事的主人公是一个60多岁的老人，名叫安迪。安迪是小镇上著名的“好好先生”。他是一个犹太人，在第二次世界大战的时候随家人逃到了美国，之后一家人在美国开始了艰辛的生活。作为一个外来人，安迪的母亲从小教导安迪对每个人都要友善，不能发火。安迪小学的时候和同学打架，被父母狠狠教训了一顿，从此以后，他再也没有和同学发生过任何争执。他大多数时间默默无闻，安静温和，这样的性格一直延续到他成年。

安迪的一生经历了很多不幸，经济萧条的时候，他一定是第一批被裁员的人，因为老板知道“反正裁掉他也不会有什么麻烦”；他的第一任妻子因为出轨和他离婚，并且霸占了他的房产，他并没有抱怨；因为一次医疗事故，他失去了一只眼睛，也没有去找医院的麻烦。安迪65岁的时候住进养老院，67岁的时候被查出患上肺癌，大概只能活半年。拿到诊断书的那天，安迪沉默地离去。安迪的子女希望他回到家里，但他拒绝了，仍然回到养老院，并且独自关到房间沉默了好几天。

几天后的安迪，发生了翻天覆地的变化。他开始抱怨养老院对老人的护理不周到，指责护工们工作掉以轻心，甚至鼓动老人们用绝食抗议养老院的伙食。他开始每天写信去政府办公厅投诉，并且打电话去电视台说养老院虐待老人。这位“好好先生”很快变成了养老院里“最可怕、脾气最大”的老人。但是安迪的举动很快获得了一系列回报，在媒体的大力报道下，政府拨款修缮养老院，养老院也将老人的衣食住行标准提高了不少，那些涉嫌殴打老人的护工被解雇，一位富豪还出资帮老人建了一个图书馆，里面有先进的视听设备。很多爱心人士筹款帮老人改善生活，那些常年不看望父母的子女也在社会的感召下来探望父母。

安迪被诊断只能活6个月，可是他多活了3年。临终前他说了一句话：“我发现，愤怒才是我最好的朋友，但是这么多年我都在压制它、疏远它。还好，最后我们和解了。”

不知道有多少人像生病前的安迪一样，一直在和自己的愤怒情绪做斗争，却从来没有认识过这位朋友，也不知道如何利用它。

愤怒究竟是什么

愤怒是痛苦的一种自然反应，痛苦不仅仅是身体上的疼痛，还包括心理上的疼痛。当一个人感觉不舒服、被拒绝、被威胁或者失望时，愤怒就会出现。但是疼痛本身一般不会导致愤怒，愤怒的出现是因为痛苦或疼痛还伴随着某种想法。

能够引发愤怒的想法，往往隐含着个人的评估、假设或对情景的解释，即愤怒的当事人认为有人正在（有意识或无意识地）伤害自己。愤怒通常指向某个目标——另一个人、一群人、一种规则，甚至是自己。

愤怒有什么作用

通常情况下，愤怒只是一种“替代情绪”，它为人们掩盖着其他那些真正让自己痛苦的情绪，比如恐惧、胆怯、被伤害或者失望。一个沉浸在痛苦中的人，可能只会思索痛苦，但是愤怒的人会思考如何应对那些给他们造成痛苦的人，这种痛苦转移了他们的注意力——从自己这里，转到别人那里。所以，愤怒其实是对自我感觉的一种保护，让人对自己感觉“不那么糟糕”。

除了可以改善对自己的感觉，愤怒中还包含了力量和尊严，愤怒让人将软弱和无助的感觉暂时掩藏起来，给人一种控制感。

一个小员工处处小心谨慎，害怕得罪各种领导，默默无闻地辛勤工作，最后却成了领导的“替罪羊”，他可能因为愤怒而离职，走出自己曾经不敢走的一步；一个总受同学欺负的孩子，可能因为愤怒和挑衅他的人打了一架，从此再也没人敢轻易欺负他……

由于愤怒总是伴随着某种想法，所以一个人愤怒的时候，他的内心往往有一种声音——“这不公平”“不应该这样”“太过分了”“他们在占我便宜”。正是因为有了愤怒提供的力量，一个人才能维护自己的利益和尊严，才有勇气去面对高于他的力量。

愤怒也能帮助一个人向别人传达一个信息——我是认真的。这种信息让其他人看清你不惧面对冲突，在某种程度上震慑那些“威胁”你的人。

所以，愤怒本身并没有错，它只是一种情绪。有人将愤怒比喻成一个信使，它仅仅是在向我们传递信息，并且鼓励我们采取行动。愤怒中蕴含着力量，悲剧和灾祸不是因为愤怒而生，是因为对愤怒中隐含的力量使用不当而生。

压抑愤怒的后果

愤怒当然是一种不舒服的感觉，所以人们往往会想办法克服它。世界上有很多克服愤怒的方法，其中一种就是惩罚。对于那些无法控制愤怒的人，人们总是使用惩罚手段，比如孤立他、制裁他、揍他，或者干脆给他贴个标签，说这个人是“弱者”。当然，还有一些比较积极的手段来管理愤怒，压抑它或者进行某些修行。

父母和老师在孩子小时候就反复给他灌输一种思想——生气是不好的，你不能生气。发脾气的孩子会被家长揍，或者被老师惩罚。

当一个人压抑愤怒的时候，这种情绪并没有走开，它拥有的力量也没有消散。相反，它沉入内心更深的地方。有人可能会找一些方式把它发泄出来，比如对更弱的人发泄，或者任由这种情绪在身体旦日渐积累，造成内在的混乱。

如果一个孩子在经历愤怒的时候总是不能顺利表达出这种情绪，可能会造成两种后果。一些人会将自己所有的挫折、痛苦、自卑等感觉用愤怒来表达，滥用愤怒的力量，不去触碰自己真实的内在，从而失去了思考的机会，渐渐成为“垃圾人”；另一些人则用生命力去压制它——用身体去承载愤怒的力量，等待某一次极端的爆发，或者转向自我攻击。总之，他们不会去了解自己愤怒背后的含义。

一个在童年时期压制太多愤怒情绪的孩子，进入青春期以后可能会表现得特别叛逆，尤其会反叛曾经压制过自己的父母、学校制度等。但并不是所有孩子都会将曾经压抑的愤怒在某一个阶段表现出来，有些人会用一些方式关闭自己的感觉系统，将自己看成一个“思考型的人”，这种人给人的感觉往往是比较理性、淡定，人们会对他的从容和善表示赞赏。但是因为这种人自己不会去处理情绪，他们其实很难与别人在情感上进行连接。

那些不愿意表露愤怒的人，往往会在婚姻关系上遇到阻碍，而且很难成为一个好的伴侣。在婚姻中，夫妻双方都能够表达愤怒，比一方表达愤怒、一方无所回应的关系健康得多。当伴侣表达愤怒或者不满的时候，思考型的人要么回避，要么强调自己观点的正确性，完全看不到对方的感受。更加恐怖的是，情感丰富的人与情感克制的人会相互吸引，所以思考型的人和他们吸引来的伴侣在婚姻中的幸福感往往较低。

让愤怒成为孩子的好朋友

怎样让孩子学会表达愤怒，而又不至于让他“愤怒的力量”失控呢？

父母要记住，愤怒往往是一种替代情绪，愤怒之下可能还有其他的情绪。此外，愤怒总是伴随某种想法。当孩子发脾气的时候，父母要学会引导孩子去思考愤怒真实的意义，而不是禁止他们表达愤怒。父母只需要说：“我知道你在生气，你完全可以生气。但生气是在告诉你什么？”也可以说：“我知道你生气了，你可以生气。你生气的原因是什么？”还可以说："我知道你在生气，你可以先生一会儿气，除了生气，你还有别的什么感觉吗？"

当孩子的感受被别人"看到"时，他就会感觉好很多。同时，当孩子去思考自己生气的原因，或者描述自己感受的时候，大脑前额叶皮质会被激活，他的愤怒很快就会过去。更重要的是，他能够学会思考愤怒到底在告诉他什么，这才是愤怒真正的意义。

父母还应该在事后和孩子谈论那些让他生气的场景，这样孩子会更明白生气的真实原因。当孩子习惯这样对待自己的愤怒时，就离高情商更近一步了。

05 学会拒绝别人也是一种能力

“欺软怕硬”的人，都是你自己招来的

这是一个听来的故事。

我曾在一家外企工作。这家公司有一个不成文的规定，老员工总会把一些繁杂又没有多少技术含量的工作扔给新员工，心地善良的老员工会告诉新员工一些方法，没什么耐心的老员工就会发一封邮件给新员工，让他们自己想办法解决邮件中的问题，或者扔几本厚厚的资料给新员工，让他们自己去找需要的东西。这些工作往往会花费新员工大量的时间。

有一个周末，我回到公司准备加班，快走到办公桌前的时候，听见有人在小声哭泣。因为我们的办公室是格子间，办公桌与办公桌之间用很高的挡板遮挡起来，如果一个人坐在自己的座位上，别人几乎看不见他。我顺着声音走过去，看见莉莉正趴在桌上哭。

莉莉刚进公司一年，是个勤奋的员工。她经常会在朋友圈发工作状态：11点多还在加班，周末还在加班，甚至节日也在加班……

我拍拍莉莉的肩，问她：“怎么了？没事吧？”

我在她旁边找了个位置坐下来。莉莉抬起头看着我说：“我想离职

了。估计如果我不离职，也会被公司炒掉。”

我问她发生了什么事情。莉莉说，一个多月前，一位经理让她帮忙查一些资料。但是那些资料非常难查到，她花了很长时间把所有能找到的资料找出来，发给经理，经理觉得她做事不认真，应该整理成一份表格。正当她在整理表格的时候，另一个经理又把她拖到一个新的项目里，让她与另外一个部门的同事对接工作。这个项目刚进行到一半，她又接到一个新的项目，这个新项目需要出差。于是，她在出差的时候，还要同时做其他两个项目的事情。周五她刚回到公司，就收到第一个经理的电话，责备她做事情太慢，表格做得太粗糙。

“每一个项目都告诉我说很急，可是我真的没有时间啊，我每天就睡三四个小时，已经很努力了，但是真的没办法做完。”

我问她：“当别的经理找你做事情的时候，你为什么不拒绝他们？你手上已经有这么多项目了，何必还要答应做新项目呢？”

她泪眼婆娑地对我说：“我不知道怎么拒绝他们，他们是经理啊。”

关于同事们对莉莉的评价，我有所耳闻，虽然她这么努力，受了这么多委屈，但是很多人对她的评价并不高。每一次有人将工作交给她，她都不会拒绝。渐渐地，大家发现她非常“好说话”，别人都想推掉的工作，只要找到她就没问题。所以，她成了公司最忙的新人，并且接手的都是最繁杂、最糟糕的项目。由于工作太多，经验也不够，她最后交出来的成果往往差强人意，叫她做事情的人越多，给她差评的人也就越多。

老员工们聚在一起评论新员工的时候，莉莉往往成为众矢之的。本来公司的工作压力就比较大，很多老员工通过吐槽新员工来缓解压力。慢慢地，莉莉就成为大家的笑柄，她工作上的疏漏总被说得很夸张。人往往很固执于自己的第一印象，大家对莉莉的负面印象一旦形成，就很难改变——很多人会把焦点放在她做错的事情上面，从而忽略了她的优点。更可怕的是，那些从来没有和莉莉合作过的人，也对她有了不好的看法。如果一个经理手上有了好项目，一般都不会找她，因为害怕她会搞砸。最后落到她身上的，都是没有人愿意接手的项目。所以，莉莉的工作渐渐形成了一个恶性循环——她越努力，烂项目就越多，她的工作效果就越差，大家对她的评价就更低，耐心也更差，没有多少人愿意好言好语地指导她；她加班越多，大家就越觉得她是因为能力不足做得慢，才不得不加班赶进度。

莉莉做错了什么吗？当然，她一开始就错了，也许她很多年前就错了，错在不懂得如何拒绝别人。

会拒绝是一种能力

无法对别人说“不”，是一种能力缺失的表现。一个难以对别人说“不”的人，很难设置自己的界限，没办法设置界限的人，会遇到很多让自己不开心的事情，甚至被别人操控。

我的一个朋友，包包里总有很多VIP卡，光理发店的VIP卡就有3张，还有好多张健身房和美容院的VIP卡，但大部分都没用过几次。每一次走进一家店里消费时，销售人员就会使出浑身解数让她办会员卡，承诺充值打折或者送礼，然后再软磨硬泡，最后她总是交出自己的信用卡，乖乖付款（她的信用卡也是我见过的人中最多的，每次有银行来推荐办理信用卡，她都难以拒绝）。她其实非常苦恼自己这种难以拒绝别人的行为，每次别人劝说让她消费，她都很难说“不”，尤其是在理发店、美容院、健身房这些和销售人员长期相处的场所，她下定决心要拒绝的勇气，通常会在半个小时内完全瓦解。

这样的例子我还能举出很多，难以对别人说“不”的年轻女孩，可能被男朋友劝说着发生性关系，最后导致怀孕；难以对父母说“不”的男士，可能会被父母干涉婚姻，以至于出现家庭矛盾，很多婆媳关系出问题都是因为丈夫缺乏立场；难以对朋友说“不”的人，可能会被朋友劝说做很多危险的事情，比如通宵赌博、醉驾等。

人与人相处的过程中，其实很多时候都在试探彼此的界限，只有你坚定不移地维护自己的界限，别人才不敢踏入你的领地。“欺软怕硬”并不是一个贬义词，而是一个事实。当一个人不能拒绝别人的时候，其实是在允许别人践踏自己的界限。渐渐地，这个人就会失去自己的声音，被周围的人利用，甚至失去自己的价值。

为什么有人难以对别人说“不”

和朋友聊天时，聊到孩子这个话题。朋友说，现在孩子长大了，渐渐觉得有点儿失落，因为孩子常常会和他顶嘴，拒绝他的提议。他说有时觉得自己做父母挺失败的，孩子不尊重他的权威时，他会感到很生气，当然他还担心以后孩子没办法管教。

他问我，有没有什么办法让孩子听话。虽然我能够理解父母面对孩子不“听话”时的那种失落感和失控感，但我告诉他，孩子能够对他说“不”，其实是很值得高兴的一件事。

近年来一些研究已经表明，那些会顶嘴、会拒绝父母的孩子，人生更加成功。弗吉尼亚大学心理学家约瑟夫说，子女和父母之间的争执对孩子未来有积极的效果。当孩子挑战父母的权威时，他们其实是在尝试掌控自己的生活，在练习这种技巧。

如果一个孩子感到家庭是安全的，无论怎样都不会失去父母的爱，他们就会在家里学会说“不”。这非常重要，当孩子第一次对父母说“不”时，他就开始为自己的世界设置界限了。学会为自己设置界限，是一种非常重要的能力。孩子能够为自己的观点发声，为自己争取利益，是智慧和成熟的表现。

如果父母总是破坏孩子为自己设置界限的行为，总是想办法纠正他，比如批评、责骂、殴打孩子，或者威胁说再也不爱他甚至抛弃他，孩子会认为挑战权威是极度错误的行为，他将学不会或者失去拒绝别人的能力。如果他连自己的父母都不会拒绝，又怎么会拒绝其他人呢？

前段时间看到几条新闻都讲到女孩在学校被老师多次性侵，她们既不敢拒绝，也不敢告诉别人。很多采访都提到，被性侵的女孩在家都非常“乖巧懂事”“从不和父母顶嘴”。这其实是孩子成长过程中一个危险的信号，一个在家不敢反抗权威的孩子，在学校一定也不敢反抗权威——老师。那些让孩子“乖乖听话”的父母，能够保护孩子一生吗？

父母应该知道，孩子是一个独立的个体，他们有自己的想法和感受，他们的人生道路必须由他们自己去走，而父母仅仅是在他们人生开始的阶段，作为一个监督者而存在。

父母不应该打击孩子表达自己意见和看法的行为。允许孩子和你顶嘴，如果你能接受这种行为，你就可以更清楚地倾听孩子在说什么，了解他有什么样的感受。同时，孩子也能感觉到你对他的尊重。

拒绝是一种艺术，孩子需要学会坚定地拒绝，而不是暴力地拒绝；也需要学习妥协、折中、共赢的方法，学习在某些时候服从于权威、迎合别人，但是又要坚持自己的立场、底线和原则。即便是成年人，也还在学习如何争取自己的利益，同时又不招致别人反感的艺术，孩子当然也需要学习。但这一切的起点，就是从孩子人生中第一次对父母说“不”开始。

06 你是否正在帮坏人“祸害”自己的孩子

所有的罪恶都不只是施害方一方造成的

你的孩子有没有向你寻求过帮助？你又是怎么回应他们的呢？

我曾看到过一则新闻，题目是《大连“贵族中学”的黑色梦魇：男教师被指长期猥亵十多名男生》。“长期”是指多久？两年半。学生受害程度有多严重？一个学生说：“我们班（受伤害）比较严重的学生，根本不敢一个人留在教室，如果被老师看到，就会对他做‘那种’事情。”

事情被揭露前的两年多时间里，该班男生忍受的不仅是班主任的猥亵行为，还有他无理由的殴打。班里有个男生比较强势，在班主任对他做了一些暧昧的事后反抗得非常厉害，老师之后就不动他了，但开始变本加厉地打他。

在此次事件中，有多少学生受害？16个男生受害。有没有学生将该事告诉过家长？有学生曾尝试告诉家长，但家长并不相信。一个学生说：“我们每天都在宿舍讨论该怎么办，但是没办法，连家长都觉得我们在瞎说，这是很悲哀的事。”一位母亲说：“有时孩子回家跟我说挨了老师的打，我还跟他说，老师打你是为你好，不要记恨老师。”因为无助，有的学生常常会产生很极端的想法，曾想杀死这名老师。

整整两年时间，受害面积如此之大，几乎整个班的男孩都是受害者，竟然一点儿办法都没有吗？这样的罪恶究竟是怎样存在如此之久的？

也许你心中有无数个疑问，但是最应该问的一个问题是：这样的罪恶为什么会存在？这世上所有的罪恶，都不是施害方一方面造成的，而是事件相关的所有人一起造成的，包括受害者本身也在“添柴加火”。

这个恶魔般的老师并非一开始就肆无忌惮，他最初试探的时候并没有遭到反抗，所以才能一步步得寸进尺；他也并没有一视同仁，受害最严重的孩子正是反抗最弱的孩子。

受害的孩子尝试过求救，他们向自己最信任、最亲密的人求救，然而得到的反馈却是“老师打你是为你好，不要记恨老师。”

父亲的冷漠导致孩子走上犯罪之路

我有个朋友是记者，他曾经采访过少管所，发现这里的孩子有一个共同的问题——与父母关系不好。

有一个男孩在一次聚众斗殴中杀死了人。他对记者说，他小时候身材瘦小，总被别人欺负。有一次，他被人打哭后向父亲求助，父亲将他骂了一顿，并说：“别人打你，你就打回去，男孩子被打一下有什么好哭的？”之后，他也尝试过反击，但是换来的却是别人变本加厉的殴打。父亲看见他的伤之后，第一句话并不是安慰，而是“你真是没用”。

从此以后，他再也不敢向父亲求助，而是开始跟着一些不良少年“混帮派”，向一些善于打架的人“学习”，几派人常常互相挑衅、群殴。在一次斗殴时，他带了一把刀，他当时只是想“给他放点儿血，让他知道厉害”，谁知道一刀捅下去对方不仅没有退缩，反而更加凶狠了。他也“不知道怎么地就把那个人按在地上狂扎”，直到对方一动不动地躺在地上，他才惊觉出事了。

如果这个孩子的父亲能够在孩子第一次求助时就重视孩子被欺负的问题，这个孩子根本不会加入不良少年的团体中。

重视孩子的求助，及时给予孩子适当的保护

很多孩子面临生活中新出现的问题时，根本不知道如何应对。比如，老师这样惩罚我，合理吗？我的好朋友不理我了，怎么办？遭遇校园暴力时应该怎么应对，是应该自己解决，还是应该寻求帮助？这件事情我应该讲出来吗？

当孩子不确定的时候，他们会向最信任的人寻求帮助，这个人很可能就是父母。孩子会向父母提出要求和希望，但是孩子的思维方式和成年人有很大不同，尤其是年龄较小的孩子，他们还不能清楚地表述一件事情，也不知道怎样表达自己的情绪。他们感到屈辱、伤心、失望、恐惧的时候，不会准确运用这些词语去描述自己的情绪，可能表现得很愤怒、退缩、沉默寡言，出现一些在父母看来“无理取闹”的行为，如果父母不懂得解读孩子真实的内心世界，甚至觉得他们的需求一文不值，这样后果将会很严重——孩子会在有限的认知范围内尝试自己解决。

性侵案件中那16个男孩尝试过自己解决吗？当然，他们“每天都在宿舍讨论该怎么办”。那个被殴打的孩子，在得不到父亲帮助的时候，也尝试过自己解决——开始“混帮派”。在他的认知中，只有变得比打他的人更能打，才能结束自己悲惨的命运。

当孩子的需求被父母忽略甚至误解的时候，他们将不再信任父母，而父母也失去了好好保护他们的机会。当父母不再是他们的支持者和保护者的时候，便有可能将他们推向“坏人”。

一个孩子如果一直生活在痛苦中，他的行为和语言一定会“不太正常”，甚至可能反复生病。如果父母能够多一点儿耐心、多一些观察，认真倾听孩子的语言，解读孩子行为背后的含义，问一问自己“孩子到底想表达什么”，而不是匆忙做出结论和判断，让孩子感觉到向父母说出他们的困难是安全的，是能够得到帮助的，这时父母就将孩子向自己拉近了一步，同时也将他们从“坏人”身边拉远了一步。

孩子遭受的很多恶行，未必是施害方一方作用的结果，很多时候，是多方共同作用的结果。父母与孩子保持良好的沟通，才能够真正保护他们。

07 培养高情商孩子的“三要”和“三不要”

对于高情商，有很多不同的定义，我认为，高情商的人是能够对自己、对别人的情绪敏感的人，是有能力管理自己的情绪，还能安抚别人情绪的人。

与智商的培养不同，我们没有一套专门的教育体系去培养孩子的情商，因此，对于如何学会觉察并管理自己的情绪，往往都是从与身边的人的互动中学会的，而父母在这个过程中起到了非常关键的作用。可以说，对于孩子情商的培养，父母是孩子的第一位老师，并且是最重要的老师。

当你想培养孩子情商的时候，请记住以下的“三要”和“三不要”。

◆ 要将孩子出现的负面情绪看成和孩子连接的机会

让孩子控制自己的情绪其实很难，年龄越小，难度越大。家长要将孩子出现负面情绪的时刻看成你与孩子连接以及帮助他成长的机会。

先暂时不论是非对错，父母要做的第一步就是同理孩子。不用担心这样做会惯坏孩子，恰恰相反，只有当你先做到这一步，才更有可能纠正孩子不好的行为。无论成人或孩子，我们只会对那些能够理解我们感受的人敞开心扉，当我们可以敞开心扉的时候，才能听得进去别人的建议。成年人如此，孩子更是如此。

所以，家长要做的第一步，是把你的是非观暂时拿开，无条件地与你的孩子共情。

◆ 不要因为孩子情绪化就责骂或无视他

情绪化是儿童成长阶段的共同特点，因为他们还不具备控制情绪的能力，因此他们就更需要成年人的支持和引导。

有一次，我看见一个孩子在公众场合大哭大闹，伤心欲绝，而父母则把孩子当作透明人，只是催促他继续走路，完全没有安慰孩子的意思。还有一些父母在面对情绪化的孩子时变得非常暴躁，为了让孩子安静下来，他们会打孩子，有些孩子会因为恐惧而停止哭泣，有些则会哭得更凶。

如果父母总是无视孩子的情绪，或者因为孩子情绪化而惩罚他，就是在给孩子传递一个信息——你的情绪对我不重要，或者你的情绪是坏的。这个信息会深深根植于孩子的心底，他们要么觉得自己的感受对你不重要，要么认为自己出现情绪是错误的，这种想法会伴随他直到成年。

◆ 要帮助孩子分辨他的情绪

很多时候，孩子发脾气并不仅仅是因为他们愤怒，还可能是在用愤怒掩盖自己的情绪，比如受挫、伤心、失望，甚至有时候他们只是因为感到疲倦而发脾气。

此时，父母需要做的就是帮助孩子说出他的感受，让他明白自己在经历哪种情绪。你可以说：“我知道你生气是因为输了，觉得很沮丧。”或者说：“你现在很生气，我猜是因为爸爸不带你去玩，你觉得很失望。”

一旦孩子能够清楚他们真正的情绪到底是什么，就更容易控制自己的行为，也不会被极端情绪所淹没。

为什么要帮助孩子说出他的情绪？因为没有一个人天生就会用语言将

自己的情绪准确地表达出来，用语言表达情绪和用语言表达想法一样，需要被教导、被训练。别说孩子不能准确说出自己的情绪，很多成年人都分不清自己的情绪。有一种人被称为“垃圾人”，他们会用愤怒去回应自己的大部分情绪，受挫的时候愤怒，失望的时候愤怒，悲伤的时候也愤怒，由于成长过程中缺乏引导，他们的情绪觉察力和表达力与儿童差不多。

◆ 不要评判孩子的情绪

有时孩子的所言所行会让大人觉得难以接受，而孩子出现的情绪也让成年人觉得莫名其妙。但是，不管你能不能理解，都不要去评判孩子的情绪。情绪没有好坏，任何一种情绪都有它的作用，都在告诉一个人他内心真实的想法。当你给孩子的情绪贴上“好”与“坏”的标签时，他们就失去了解这些情绪背后真实想法的机会。

◆ 要给孩子提供解决问题的方法

安抚好孩子以后，你应该教给孩子一些方法，让他知道如果下次再出现类似的情况该怎么处理。最好的办法是你和孩子一起想出不止一种解决办法。在寻找解决方法的过程中，孩子学会的不仅仅是方法，还有如何管理自我，如何从情绪状态中走出来，用理性去解决问题。

你需要让孩子知道，每一种情绪都是可以被接受的，但是并非每种行为都能被接受。父母也可以利用这个机会教导孩子哪些行为是被允许的，哪些是禁止的，为他的行为设置界限。

例如，当你的孩子打了别的孩子，你可以说：“我知道你当时肯定气坏了，如果我是你，我也会很生气，但是打人这种方式非常不好。我们一起来想一想，如果下次遇到这种情况，你可以怎么做？”

◆ 不要低估孩子学习和成长的能力

孩子天生就有能力发展成具有高度认知功能的成人，但他们需要时间来成长。对孩子来说，道理并不是最重要的，他们需要有人倾听他们在说什么，希望在难受的时候能够握住一双温暖的手，希望有让他们感觉安全的父母，能够对父母敞开心扉。

这样做的父母看似放弃了对孩子严厉的教育手段，却用一种温和而坚定的方式让孩子明白对与错，让他对自己情绪的觉察力更强，让他在成长中学会如何合理地管理自己的情绪。

父母善解人意的教导，会将孩子教导成一个善解人意的人。如果你希望孩子成为一个高情商的人，从小就要教他认识自己的情绪，并且知道如何应对这些情绪。

我在《做“情绪指导型”父母，而非“情绪消除型”父母》一文中列举了两种父母：一种是情绪消除型父母，一种是情绪指导型父母。如果你能成为情绪指导型的父母，你的孩子就会具有更高的情商。当他进入婚姻之后，极有可能成为一个情绪指导型的伴侣，他的婚姻会非常幸福；而当他为人父母之后，也会像你一样，成为情绪指导型的父母，培养出一个高情商的孩子。这个优秀的传统将成为一个无价的传家宝，在你的家族中世代流传。

CHAPTER

6

决定孩子未来发展的关键因素

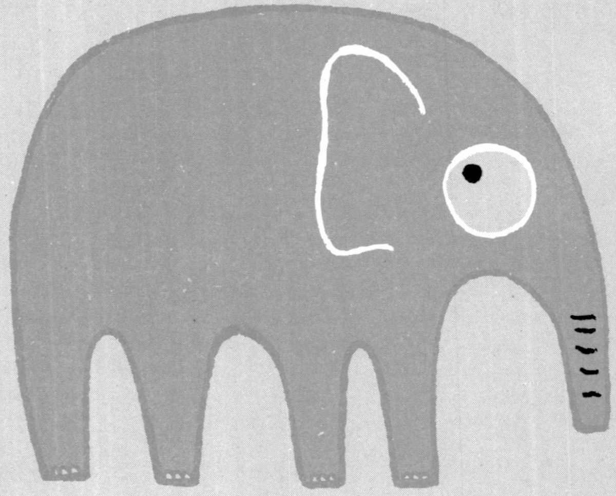

一个人的成长，是环境和遗传因素共同作用的结果。积极正面的自身特点、适宜的养育环境，两者交替作用，可以有效帮助孩子减少压力对他的影响。但是，如果生活中的压力事件不断累积，即便拥有这些有利因素，孩子也很难去应对。损害一旦造成，修复就是一个漫长且艰难的过程。就像有句话说的——培养一个健康的孩子，比修复一个破损的成人容易得多。

01 帮助孩子探寻人生的目的

非优等生，怎样成为终身教授

我有一个朋友，是美国人。据说他小的时候数学差得一塌糊涂，但是他很喜欢文学。考大学时，他申请到一所公立大学，相当于中国的“三本”学校，学习西方哲学专业。毕业之后，很难找到工作。但美国人有一个优势，就是语言。全世界对英语教学的需求很高，他在网上应聘到中国香港一家私立中学教英文。在香港教了一年英语以后，他开始向往一水之隔的中国内地。他小时候就很喜欢中国，总觉得那个国度很神秘。很快，他就在上海找到一家培训机构，3个月后，他踏上了那片让他魂牵梦萦的大地。

从上海开始，他在中国辗转了好几个城市。他很喜欢一些老巷子里的小餐馆，喜欢和当地居民打招呼，看他们打麻将。虽然他不会说中文，但他仍然和当地人混得很熟，还有人教他喝中国茶、打麻将。他大学学习的是西方哲学，在中国待了几年以后，他发现自己更喜欢东方文化。于是，他准备进入大学继续深造，专攻东方哲学。

通过一系列考试之后，他拿到一所大学的录取通知书。那时，他已经存了一些钱，于是他辞掉工作，准备旅行。从西藏为起点，他一路向西，去了缅甸、尼泊尔、越南、印度……差不多有半年的时间，他独自背着包在东亚地区旅行。

最后，他从泰国回到美国，开始了东方哲学专业的深造。他35岁时博士毕业，36岁时进入一所公立大学当老师，37岁时又去到佛罗里达州立大学做助理教授，40岁时被评为终身教授。在美国，终身教授是一个金饭碗，永不失业，他们可以在自己的领域研究任何自己感兴趣的东西，而且收入不菲，退休之后还有一笔丰厚的退休金。

朋友的人生似乎轻松又顺利，我对他说，中国人很难过上他那种生活。他说，其实在美国也一样。在美国，名校毕业生才有机会进名企，美国的学生热衷的专业也是金融、管理等学科，文科生毕业后大部分会从事教育、文职工作，失业率也很高。但是也有不少美国学生会在大学时期或者毕业后开始寻找自己真正想做的工作，他们会先打工，然后慢慢寻找自己的爱好，他自己就是典型的例子。

现在很多人越来越重视发现自己的人生意义，而不期望随波逐流地过一生。他很庆幸毕业后在中国教书，那几年的经历，让他发现了自己的兴趣所在。正是因为有兴趣，他才能坚持备考研究生，坚持6年看似枯燥的研究工作，并最终获得博士文凭，也才能在之后的教学生涯中不断发表论文。

那么，他自己觉得这一切枯燥吗？做自己喜欢的事情，很少有枯燥的感觉。即便有些工作很琐碎，他也知道所有这些烦琐都是有意义的。

从差等生到教授，他的人生符合了心理学的一些理论——你能在自己感兴趣、有天赋的领域获得最大成功。

人生目的对一个人来说究竟有多重要

和中国一样，美国的教育系统也时常被本国的教育学家、心理学家所诟病，因为他们觉得，相对于现实世界的发展，美国现有的教育方式已经太落后了。有一项调查研究显示，目前的高中生达到就业年龄时将从事的职业中，有65%以上的职业现在还没有出现！但是学校的教育理念却还是一个世纪以前训练产业工人的理念。

美国教育学家一直在反思，我们的教育到底应该教给孩子什么？斯坦福大学的帕特里克·库克-迪根（Patrick Cook-Deegan）就是一位积极反思教育系统弊端的教育学家。通过多年对青少年心理和教育的研究，他发现，帮助青少年发现他们的人生目的，或许比鼓励他们学习基础知识更重要。

人生的目的，就是问自己“为什么而活”

一个人对“我活着是为了什么”这个问题的思索，大多开始于青少年时期。这个时期，家长发现孩子变得越来越叛逆，开始崇拜一些偶像，开始对未来有一些天马行空的设想。这一切都很正常，因为青少年开始想探索自己的人生，他们需要突破旧有的环境，去接触新的世界。

研究发现，如果青少年和年轻人能够发现人生的目的，他们的生活满意度会更高，甚至他们的婚姻也会更加幸福，这或许是因为他们更清楚自己应该寻找怎样的伴侣。能够找到人生目的的年轻人，健康状况更好，也更容易在某个领域获得成功。

当一个人发现自己人生的目的以后，他的生命会进入一种蓬勃发展的状态。相反，若一个人不能发现自己人生的目的，他可能会人云亦云地过一生，按照别人的想法活下去，做自己不喜欢的工作，时常处于一种空虚的状态。

人生目的发现得越早，一个人成功的可能性就越大，付出的代价就越小。很多人在青少年时期就已经萌发出对人生以及兴趣进行探索的渴望，父母或老师若能够加以引导，将会对他今后的人生走向有极大的帮助。

“为什么而活”这个问题，对一个人的影响十分复杂，对它的探索和询问可能终其一生都存在。它可能会影响一个人职业生涯的高度，影响一个人内心的幸福感和充实感，甚至影响一个人的婚姻。

年轻的时候，这种影响或许并不大，因为刚开始工作那几年，你的生活会被很多事情塞满，比如事业发展、结婚生子等，探索自己的人生目的并不是那么重要的问题。但是当生活稳定下来之后，生命的本质将会越来越清晰地质问你，这时，你对人生目的的思考就会越来越多。

发展心理学家发现，美国人在中年时期离婚率会突然增高，有些人会开始一份全新的事业。很多心理咨询师的报告也显示，某些生活中的剧变或者对生命的深入思索，会导致一个人展开完全不同的生活轨迹。

而几乎所有的研究都表明，青少年阶段是人生价值观形成的关键期。如果一个人能够在价值观形成的阶段开始探索自己人生的意义，他的人生或许会获得更高的成就。而这个阶段，就是孩子的高中阶段。

如何帮助孩子发现人生的意义

首先，我们需要知道人生目的和哪些因素有关。

斯坦福大学用下面这个图阐述形成人生目的的影响因素。

人生目的的影响因素

从图中可以看出，人生目的是由外部的需求、自己的天赋和兴趣这三者相互作用而形成的。

- 外部需求：你对这个世界有什么用？你的目标是什么？你对别人有什么用？
- 自己的天赋：你能轻而易举地做到，而其他人却不容易做到的事情是什么？
- 自己的兴趣：你主动想投入精力和时间的事情是什么？

美国的高中没有专门的课程教给学生如何发现自己的人生目的，大部分高中生都被教导要获得外部的成就，完成学业，实现短期目标。似乎中国和美国的情况差不多。一个刚工作不久的中国年轻人对我说，他很不喜欢自己的职业，当时自己选专业是听从父母的要求，或者是为了顺利就业而选择的。我为他感到遗憾。当你过着别人期望你过的人生，生命的能量是处于消耗状态的。

如果教育并没有提供一个途径来帮助孩子发现他们人生的目的，家长该怎样引导孩子呢？帕特里克·库克–迪根根据自己长期的经验总结出几个方法：

- 从问“为什么”开始。很多高中的孩子学习非常辛苦，但是他们却不知道为什么要学这些。还有一些孩子不愿意努力学习，也是因为他们不知道为什么要学这些。因此，家长需要让他们明白学习的目的到底是什么。
- 发现自己真正的兴趣。孩子应该在高中时期就开始寻找自己热爱的事业，并且去探索这个世界究竟需要什么。
- 寻找榜样人物。很多成功人士回忆他们的经历时，都会提到一个榜样人物。家长可以引导孩子发现自己身边的榜样人物。
- 给孩子提供机会，让他进入真实的世界。探寻人生目的，必须要做到一点——跳出自己的舒适区。这种机会可能是一个重大的人生事件，或者是生活环境的改变。如果生活只局限在课堂中，孩子将很难获得这些机会。
- 鼓励孩子探索自己的内心世界。要发现人生的目的，首先要了解自己——你想从生活中得到什么？这个世界对你的期待是什么？是什么让你觉得生命是有意义的？如果教育总是剥夺孩子探索自己内心的机会，只允许他们在有限的领域残酷竞争，只对他们的外部行为进行奖励，他们就很难发现自己的人生目的是什么。

高中阶段是家长帮助孩子探索人生目的的最好阶段，父母不能只将焦点放在孩子的学业成绩上，对于人生来说，几年的考试成绩真的不太重要。一个成功的人，不太可能是一个人生目的不清晰的人。

02 童年的哪些因素能预测孩子的未来

即使童年不幸，仍然可以事业有成

蒂姆和丹尼是非常好的朋友，他们在同一个社区长大。两人都很不幸，他们各自的家庭情况都很糟糕。蒂姆的父母在他10岁时离婚，此后蒂姆几乎再也没见到自己的父亲。他的母亲只有一份临时工作，没有稳定的经济来源。丹尼从小也没见过自己的父亲，母亲两次再婚，他现在的继父经常和母亲吵架。丹尼有时不得不躲避到外公家，以逃开家庭暴力。

蒂姆和丹尼都在一个破败的、犯罪案频发的社区长大，两人成绩都很差，高中读完就辍学了。他们常常打架斗殴或者小偷小摸，成了警察局的常客。然而，两人成年后的人生道路却完全不同。

在他们30岁那年，蒂姆已经蹲过几次监狱，出狱后时常酗酒，找到工作后不久就被解雇。他已经有了两个孩子，但他绝对不会和孩子的母亲结婚。

相反，丹尼进入了一家修理厂工作，他利用业余时间回到高中继续学习，最后顺利考上一所社区大学，学习机械维修专业。他30岁的时候成了一家大型维修店的经理。他结了婚，并且有了两个孩子，正在存钱准备买房。

蒂姆和丹尼，这一对儿时的好朋友，成长于相似的环境中，是什么因素导致两人过上了完全不同的人生？

已经有大量的研究发现，成长于高风险的环境中——贫穷、不和谐的家庭、父母离异、失业、心理疾病、药物滥用等，都会使孩子的未来出现一系列问题。蒂姆和丹尼都是成长于高风险环境中的孩子，但为何丹尼成年后的生活却健康又幸福？

“脱口秀女王”奥普拉的童年也堪称悲惨。奥普拉是父母的私生女，在她出生后，父母便劳燕分飞，把她扔给外祖母照顾。6岁时她和母亲一起生活，9岁时不仅被好几个亲戚虐待，还被堂兄强奸。她14岁时生下过一个孩子，但是孩子出生后不久便死了。

她在自己的节目中吐露心声：“我几乎被毁掉了，这么多年来我一直告诉自己已经治愈了，但是没有。”“我心里觉得特别羞耻，我在无意识中老是为那些男人的行为责备自己。”

由于和母亲的关系紧张，她行为出格、脾气古怪，常常和儿时的伙伴们鬼混——抽烟、吸毒、喝酒……她的生命在肮脏的大染缸里浸泡，看不到任何重生的机会。

从心理学的视角来看，这样的女孩未来几乎没有任何“成功”的可能性。然而，生活中某些事情的发生，却可以改变命运。在14岁那年，母亲不愿意再抚养奥普拉，便将她送到父亲的家里。父亲和继母接纳了她，并且严格要求她的学业，督促她学习。不久之后，她演讲的天赋被开发出来。之后的人生，她渐渐进入正常的轨道，最后成了全球最受欢迎的脱口秀主持人。

哥伦比亚大学心理学教授卡尔·哈特（Carl Hart）是哥伦比亚大学唯一的黑人教授，同时他也是一位戒毒领域的专家。由于对这个领域的巨大贡献，他的家乡迈阿密甚至把2月1日定为“卡尔·哈特日”。

这位杰出的教授童年的生活并不幸福，他在迈阿密的贫民窟长大。家里一共有8个兄弟姐妹，他童年就没有父亲，由母亲和别的亲戚拉扯长大。他生活的社区毒品泛滥，他在高中时期就开始销售大麻。那时的他对自己的未来并无规划，只有一些不切实际的幻想——比如成为NBA篮球运动员，或者成为一个酒吧DJ。反正绝对没有成为心理学教授这种梦想。

高中毕业后，在学校职业生涯规划师的建议下，他参加了美国空军，在部队中进入篮球队，退役后利用这个优势申请到了大学。童年的经历使他一直想搞清楚为什么自己社区的人总是摆脱不了毒品。正好大学期间他遇到一个研究毒品与心理关系的老师，就这样他走进了心理学领域，并且最终成为这个领域的专家。

为什么童年经历逆境，最后仍然能够成功

很多关于儿童和青少年心理领域的研究发现，一个人在成年前面对的压力事件越多，就越会对他的人格、价值观和思维模式造成消极影响。但是我们仍然发现，有些人成年前的经历非常不幸，他们最终却可能获得比家庭环境良好的孩子更大的成就，成年后的他们坚强勇敢，充满爱心，并且没有出现显著的心理障碍。

因此，我们提出以下疑问：是什么使得这些成年前生活充满逆境的孩子，克服了生活的挫折，实现了人生的新高度？是什么使得他们没有像身边的人一样过上悲惨的生活？他们有没有什么共同点？

大量的心理学研究表明，可以通过3个因素来预测一个人的未来是否能够成功。

◆ 一个人的性格和智力特点

孩子天生的性格特点可以减少他暴露于压力事件的风险，“好脾气”通常是最有利的保护性格之一。那些冷静、容易与人相处、合群的孩子，更容易适应环境，也更容易引起周围的人给予他们积极的反馈。而那些非常情绪化、容易被激怒的孩子，却会很快消耗尽与他相处的人的耐心。

在蒂姆和丹尼的故事中，他们两人在童年的时候都经常面临搬家这一压力事件。蒂姆面对搬家这件事情非常恼火，他十分焦虑并且愤怒，和家人吵架，因为再次适应一个陌生环境让他感到非常痛苦。离开一个熟悉的环境，丹尼也十分悲伤，但是他的性格平易近人，能帮他很快建立新的友谊，这些情感连接让他能够很快适应新的环境。

◆ 和父母建立一段温暖的关系

孩子和父母至少一方的关系是温暖、有爱的，将对他应对生活压力有很大的帮助。不过，是否能够和父母发展出一段温暖的关系，其实也和孩子的个人性格特点有关。那些好脾气的孩子，通常更容易养育，也更容易和父母及家庭中的其他人建立起良好的亲子关系。在良好的亲子关系中，孩子更容易发展出讨人喜欢、有吸引力的个性。

“脱口秀女王”奥普拉如果一直和母亲生活，也许她只能过上悲惨的生活。正是由于父亲的关爱、支持和引导，才让她发展出自己的天赋，找到一条最适合自己的路。

◆ 父母之外的社会支持

与父母之外的某个人具有良好、稳定的关系，也可以提高孩子应对压力的能力。这个人可以是爷爷、奶奶、外公、外婆、老师或者一个亲密的伙伴。

在蒂姆和丹尼的故事中，丹尼面对父母婚姻的不和谐时，可以躲到外公那里，外公会关心他，听他讲述心事，帮助他解决问题，所有这一切都为他提供了一个疏导内心挫折的渠道，同时也为他树立了一个如何应对压力事件的榜样。这也许是他最终没有一直堕落的关键因素之一。

一个人的成长，是环境和遗传因素共同作用的结果。积极正面的自身特点、适宜的养育环境，两者交替作用，可以有效帮助孩子减少压力对他的影响。但是，如果生活中的压力事件不断累积，即便拥有这些有利因素，孩子也很难去应对。损害一旦造成，修复就是一个漫长且艰难的过程。就像有句话说的——培养一个健康的孩子，比修复一个破损的成人容易得多。

03 寒门的孩子究竟输在哪里

无法逃避的命运

蒂娜5岁的时候随着父母从墨西哥偷渡到美国，寄宿在亲戚家。半年之后，父母分别找到了工作，他们一家人在贫民区租了一个小房间。蒂娜的童年和青少年都在这里度过。

蒂娜8岁的时候，母亲生了一个弟弟，一年以后，又生了一个妹妹。由于父母工作繁累，照顾弟弟妹妹的工作几乎都由蒂娜完成。作为没有受过太多教育的墨西哥移民，蒂娜的父母只能做一些低端的服务工作，因此收入微薄，还要供养3个孩子。在蒂娜的记忆中，自己18岁以前从没穿过新衣服，也很少见到父母开心的笑脸。在日复一日贫穷、劳累的工作中，父母的婚姻已经名存实亡。她知道父亲多次出轨，母亲并非不知道，但她无力抚养3个孩子，所以只能选择沉默。

蒂娜14岁的时候尝试过自杀，然而没有成功。她的学习成绩很差，没有什么朋友，班上的几个同学总是欺负她，她的脾气变得越来越坏，还患上了厌食症。她拒绝再帮母亲照顾弟弟妹妹，一次在和母亲爆发了激烈的争吵之后，她服用了母亲的安眠药。自杀未遂事件发生后，蒂娜被诊断为抑郁症，接受了一段时间的心理治疗和药物治疗后，情况逐渐好转。后来，她高中顺利毕业。

蒂娜18岁的时候被模特经纪人发现，开始有了稳定的收入。离开光鲜亮丽的舞台，脱掉华丽奢侈的服饰，蒂娜的心中充满了恐惧——模特是一个更迭非常迅速的行业，她知道，无论自己现在多么出名，过不了几年，又会有别的姑娘替代她。她时常做梦梦到自己突然变得一无所有，又回到当年的贫民窟，整日在一间狭小的房间里照顾两个小孩，父母面无表情地穿插在她的生活中……

蒂娜21岁时嫁给了一个富裕的商人，然而婚姻并不幸福。模特行业竞争激烈，婚后的蒂娜很少再工作。但由于丈夫工作繁忙，蒂娜的生活非常乏味。丈夫出生于一个富裕的大家庭，家族产业涉足百货、地产和旅游行业。蒂娜每一次参加丈夫的家庭聚会，就会背地里被人嘲笑品位太差、学历太低、礼仪粗俗。蒂娜开始和丈夫的家人交恶，又开始变得焦虑，时而脾气暴躁，时而非常消极，感觉自己是多余的人。

其间，一本杂志邀请她拍摄一组照片，照片出来以后，摄影师告诉她，觉得她的腰粗了一点儿，抬头纹比较重，建议她做一些微整形，因为现在很多模特都去做这些手术。谁知这个建议却成了蒂娜噩梦的开始——她开始对整容上瘾。她觉得自己一旦失去容貌，就会失去一切，包括丈夫的爱。然而，丈夫越来越难以忍受她疯狂的整容行为，以及她越来越怪异的容貌。

蒂娜的婚姻维持8年后便结束了。她生了两个小孩，可她非常厌烦照顾小孩，每一次照顾自己的孩子时，她就回忆起照顾弟弟妹妹的生活。离婚以后，孩子被交给丈夫抚养。丈夫给了她一笔不小的赡养费，然而蒂娜并不知道怎样善用这笔费用。失败的婚姻使她的情况更糟，不久之后，她又染上了毒瘾。

贫穷的成长环境怎样影响一个人

也许你会责怪蒂娜咎由自取，叹息她不够自强不息，甚至责怪父母没有给她良好的教育。这世界上有很多“屌丝”逆袭的励志故事，当然也有一些人像蒂娜一样，突然被幸运之神光顾，看似走上不一样的人生路，却似乎总有一条无形的线又把她拉回原地，并且跌得更重。

当我们在批评当事人不能把握命运垂青时，不应该忽略当事人的成长经历，以及他可能正在遭受的心理疾病。虽然有很多励志的故事都告诉我们，一个人可以通过自己的努力改变命运，但是大量的调查研究却表明，童年时期贫困的成长环境，会对一个人的人格和思维造成非常消极的影响，这些影响可能终其一生都存在。人格和思维方面的问题会使一个人的成功如同昙花一现，真正能摆脱命运的，不过是一小部分人而已。

蒂娜悲惨的人生是否和童年的经历有关系呢？当然是。在贫穷环境中长大的孩子，可能会有更差的认知发展、教育背景，也更容易患上心理疾病，包括抑郁症和反社会行为。生活的压力、逆境、营养不良、有限的教育资源都可能会引起他们之后人生中的问题。

华盛顿大学一项新的研究发现，贫穷的成长环境会改变大脑的连接。他们研究了数百名7～12岁孩子的大脑扫描结果后发现，贫穷家庭的孩子大脑关键结构的连接和非贫穷家庭孩子的不同；尤其是在海马回区域（控制学习、记忆和处理压力的脑区）和杏仁核（与压力和情绪相关的脑区），差别更为显著。贫穷家庭的孩子这两个脑区与其他脑区的连接方式比非贫穷家庭的孩子更弱。

脑部核磁共振结果说明，一个孩子生活越贫穷，脑部这些区域的连接就越弱。此外，还有研究发现，孩子入学前的生活状况越贫穷，他们越有可能在入学后患上抑郁症。

华盛顿大学的迪安娜·M.巴克（Deanna M. Barch）博士说："我们认为，这种大脑区域连接的改变，会使人对情绪控制和压力管理方面的能力变弱。"这种连接的改变，很可能预示着临床抑郁症风险的增加。研究中那些家庭环境贫穷的孩子，很可能在9～10岁时患上抑郁症。

华盛顿大学早期情绪发展项目主任琼·L.露比（Joan L.Luby）说："贫穷是一个孩子发展滞后最有力的预测指标。之前我们已经发现，可能有方法能够克服由于贫穷引起的某些大脑改变，但是我们尚未找到任何方法可以逆转已经出现的消极变化。"

可以看出，即便在事业高峰时期，蒂娜的人生观依然非常消极，因为觉得自己无法掌握未来的人生，她非常早地选择了结婚。她对周围人给予她的评价非常敏感，因此难以建立起一段亲密关系，当生活中的压力事件增加的时候，她很容易发展出心理障碍，尤其是抑郁症。

一个人最终会有怎样的成就，取决于多种因素共同作用的结果，但是贫穷的成长环境对孩子造成的某些消极影响确实是很难逆转的。这也许才是"寒门再难出贵子"的根本原因之一，寒门的孩子确实有可能输在起跑线上。

虽然人生早期的生活逆境会影响大脑的功能和发展，但进行这次研究的巴克博士也说："贫穷会影响大脑的发育，但是还有很多别的方法可以帮助大脑和积极情绪的发展。如果我们能够更早介入，就能帮助孩子进入一个更好的发展轨道。"

04 复原力——孩子的心理免疫系统

在开始讲述正题之前，我们先来做一项小调查：你觉得人们通常是靠什么渡过逆境的？

A.自己的意志力

B.来自他人的关怀

人生逆境的免疫系统是什么

父母总是希望孩子一生顺利，可当孩子渐渐长大后，父母却发现，孩子的世界越来越复杂，他们会遇到各种逆境，父母并没有能力随时随地保护他们。

面对生活逆境，比如事业失败、离婚、疾病等，有人一蹶不振，有人重整旗鼓，是什么让人们面对相似的困境时走出了不同的人生道路？心理学家发现，面对人生逆境，那些能够迅速恢复的人具备一种能力——复原力。当一个人身体遭遇病菌侵袭时，免疫系统强健的人患病的概率更低，即使患病也能很快恢复健康。复原力就是一个人的心理免疫系统。这种能力可以让人很快接受事实，适应环境，并利用现有的资源化解危机。

你希望自己的孩子拥有这样的能力吗？当你不能再保护他的时候，这种能力可能是帮助他渡过难关的重要能力。既然父母不可能保证孩子一生不遭遇逆境，我们能否在孩子尚小的时候就培养他们发展出良好的复原力呢？童年的创伤经历对某些人有持续一生的不良影响，而对另一些人的影响却并不大。为什么会造成这种差异？这和孩子的先天性格特点有关吗？发展复原力的关键是什么？

美国国家儿童发展科学委员会的一项报告显示，一个孩子能否从伤害事件中尽快恢复，他的复原力如何，最关键的因素并非某些先天特质，比如意志力等，而是看他是否和养育他的成年人有着坚实稳定的互动关系。

这项研究的负责人、哈佛大学儿童发展研究中心的杰克·P.宋可夫（Jack P.Shonkoff）教授说："一个人面对逆境和不顺的复原力，由这个人的社会支持系统所决定。一个人拥有一段或几段有支持力、有回应的社会关系，再配合一定的处理困境的能力，就能迅速从逆境中走出来，快速适应环境。"

所以，文章开篇的小调查，正确的选项应该是"来自他人的关怀"。你选对了吗？

很多人可能都有过这种体验，如果至亲之人去世，身边还有其他人安慰、关怀，这个人就能较快从伤痛中走出来；面对情感困境时，比如离婚等，如果身边有朋友的关心和鼓励，伤心的程度就不会那么剧烈，并且能很快走向新生活。

人生中一段或几段稳定的、能够给予支持的关系，比一个人强大的意志力更能帮助他渡过难关。这些关系能够将有害的压力转换为可以忍受的压力。但是你也会发现，支持关系似乎对某些人无效——即便有人明确表示愿意给身处困境的人以支持，愿意无条件接纳他，这个人仍然可能向着一蹶不振的深渊下滑。

为什么会这样？一项关于大脑的研究也许可以提供一些线索。这项研究发现，孩子和他最初的抚养者之间的互动，决定着这个孩子大脑的结构。这一调查揭示出另一个线索——抚养者对于孩子的需求有规律的回应，会帮助孩子的大脑建立起一系列回路。这些回路建立起来以后，将表现为孩子的一系列能力——计划能力、自我监督能力、环境适应能力等。面对压力情景，这些能力能为神经系统提供一种缓冲，使得压力情景对人的影响减少。

如果孩子和抚养者之间的关系是缺乏互动和回应的，会造成什么结果呢？孩子的身体会将缺乏回应的情景看成一种威胁，从而引发压力反应。面对压力事件，孩子并没有足够的技能可以处理，他只能依靠自己的身体去承受。如果这种压力反应重复出现，身体就会持续分泌压力激素，激素的积累会导致生理上的变化，影响大脑以及整个生理机能。这种生理上的变化可能让人变得抑郁、暴躁，看待事件角度更加消极。

如何帮助孩子发展复原力

复原力如此重要，应该怎样帮助孩子发展出这种能力呢？最重要的是，你要和孩子之间创建一种有支持力、能够彼此给予积极回应的亲子关系。

此外，还有以下一些建议。

◆ 创造一种坦诚的沟通模式

鼓励孩子和你分享他在压力情景下的感受，而不仅仅是诉说事件本身。同时，也和孩子分享你的感受，让他知道，与父母分享自己的感受是非常合理的事情。你可以多运用描述感受的词语去跟孩子进行沟通，比如：这件事情发生以后我很难受，我觉得很害怕，你说这句话让我感到很生气。

当孩子向你诉说他的压力事件时，你要及时给予回应和帮助，引导孩子寻找解决方法，而不仅仅是抱怨和责怪孩子。如果你对这件事情的反应是抱怨，孩子从你的反应中只能获得两种信息：第一，遇到这种事情我应该抱怨；第二，我没有办法解决。

◆ 教孩子学会管理情绪

在压力情景下，大吼大叫、放声痛哭、极度愤怒都是正常的表现，但是这种行为如果一直持续，对建立复原力并无任何益处，反而会变成另一个问题。

孩子能否管理情绪，与家长面对压力时的表现密切相关。如果父母遇到压力时无法管理情绪，怎能要求孩子学会管理情绪？

◆ 鼓励孩子多交朋友

你也许能成为非常好的父母，但你替代不了孩子同伴的角色。因此，父母可以让孩子学会帮助别人提高复原力，当孩子学会关爱他人的时候，就能从自己的体验中学习如何提高复原力。

复原力并非天生的气质，也不会耗尽，它可以被重塑和加强。所以，任何时候开始培养这项能力都不晚。

需要提醒一点，虽然人们对压力事件的反应大不相同，但是极度负面的情景通常会引发严重的心理问题，如果孩子经历了这样的情景，要及时进行心理治疗，在治疗中他们也能学会很多愈合创伤的方法。

05 决定孩子未来的关键因素——毅力

什么样的品质可以让人逆袭

不知道你身边有没有这样的人，他们小的时候学习成绩很好，甚至名列前茅，但是他们的人生似乎并没有继续走高，而是渐渐走向平庸；还有一些人，他们曾经很普通，但是多年以后他们却成为某一领域的专家、权威或佼佼者；当然，还有一些人，他们可能最初在某一领域展现出了过人的才能，之后很长一段时间沉寂下去，变得默默无闻，却又在另一个时刻突然爆发……

到底是什么预示着一个人能不能在某个专业领域成功？是智商？情商？运气？天赋？家庭背景？还是别的因素？

虽然现在的教育体系仍然是通过各类考试去判断一个学生未来会不会成功，但是这种方法常常受到诟病。美国心理学家、宾夕法尼亚大学副教授安吉拉·达克沃斯（Angela Duckworth）提出了预测一个人能否成功的关键特质——毅力，她发现这个特质甚至比智商更能准确预测一个人未来事业的成就。

关于这个话题，我一直没有找到特别合适的案例，怎样才能抛开智商、教育程度、家庭经济背景等因素，去寻找一个恰当的案例展示给大家呢？直到我读到新津春子的故事。

刷马桶刷爆朋友圈的人

日本NHK电视台有一个节目，每周介绍一位专业人士，有一期节目介绍了一位名叫新津春子的清洁工，她被评为“日本国宝级清洁工”。

新津春子出生在中国沈阳，她的父亲是第二次世界大战的遗孤，是一个日本人，母亲则是中国人。因为是半个日本人，新津春子在中国遭到歧视，童年时常被人辱骂甚至扔石头。17岁那年，中日合作送战争孤儿回国，她才随父母到了日本。

初到日本的新津，因为不懂日语，又是半个中国人，在日本也遭到歧视。她18岁才开始读高中，高中毕业后开始做保洁工作，帮忙养家。日本对保洁工作有持证上岗的要求，并不是只会扫地、擦桌子就能做，所以新津又读了半年的职业培训学校，于1995年正式进入羽田机场做清扫工。

新津可以对80多种清洁剂的使用方法倒背如流，还能够快速分析污渍产生的原因和组成成分。新津在接受采访时说：“学校学的是基础知识，以后全靠自己去认识每种材料的洗剂效果和工具的功能来积累经验，然后考虑用什么办法来应对每种污迹。”

现在新津的职位是“职业训练指导员”，她既要培训羽田机场700人的清扫队伍，也应邀去解决公共设施或家庭的顽固污迹。

BBC记者问她，是什么让你固执地想清除污迹，是有洁癖还是性格固执？新津说：“我没有洁癖，但是固执的因素倒是有。”她说，自己做每件事情都是用心做、彻底做，目的就是要出成果，出了成果就有成就感，很开心。一个目标达到了，就想实现下一个目标。

新津也曾来中国交流，她2013年还去过成都的酒店培训清洁工。她说，中国引进了先进的清洁设备，但是因为中国清洁工的收入不高，大多数清洁工不会用心清扫。日本有制度要求清洁工必须持证上岗，同时还有比赛，甚至能够被评为专业人士，这也使得她有目标用心做下去。

为了保持臂力和体力，新津每天早晚练哑铃，还在公司的健身房锻炼肌肉，她说："不练不行，会腰腿酸痛的。"

清洁工在我国看起来算是社会地位比较低下的工作，但是是什么使得新津春子做到了日本国宝级匠人的级别？当然，就像新津所说，因为日本的持证上岗制度和竞赛使得她更有动力，但是除此以外，我们也要注意她说的一句话：我没有洁癖，固执倒是有；我做每件事情都是用心做、彻底做，就是要出成果，出了成果就有成就感，很开心。

100000 小时定律

在工作上固执地想解决问题，这正是安吉拉·达克沃斯提出的"毅力"。她对"毅力"的定义是，长时间的热情和坚持这两种品质结合而成的特质。

达克沃斯博士的理论是否合理呢？英国神经学家丹尼尔·列维京（Daniel Levitin）认为，人类脑部确实需要一定的时间去理解和吸收某一专业领域的知识或者技能，然后才能达到大师级水平。顶尖的运动员、音乐家、棋手，需要花10000小时才能让自己的技艺至臻完美。这个理论被称为"10000小时定律"，即如果你希望在某一领域成为专家，你至少要在这个领域花上10000小时的时间。按比例计算，如果每天工作8个小时，一周工作5天，那么成为一个领域的专家至少需要10年。

作家马尔科姆·格拉德威尔在《异数》一书中指出：“人们眼中的天才之所以卓越非凡，并非天资超人一等，而是因为他们付出了持续不断的努力。10000小时的锤炼是任何人从平凡变成超凡的必要条件。”在这一段时间中，你要克服挫折、瓶颈、无聊，不被其他事情分心，也不被其他领域诱惑，只为了你最初的目标前进。那么，是什么能够保证你踏踏实实留在一个领域耕耘呢？毅力显得尤其重要。

如何培养孩子的毅力

安吉拉·达克沃斯在她的著作《坚毅：释放激情与坚持的力量》中给出了一些建议，不过这些建议由于没有足够具有说服力的实证进行证明而受到了不少挑战。尽管如此，综合一些实验研究结果，我总结了有关毅力来源的一些结论。

◆ 遗传因素

有不少研究发现，毅力这种特质来源于先天，即便在相同的成长环境中长大，家庭中的某些孩子也会比另一些显示出更高或者更低的与毅力相关的特质。

◆ 对父母的效仿

很多实验已经证明，孩子会效仿成年人的行为。如果家庭中父母给孩子提供了一个“坚持不懈、不达目的誓不罢休”的模范行为，孩子会在无意识中习得父母的这种特质。当然，如果父母是有毅力的人，孩子遗传到这种特质的可能性也比较大，所以这并不能严格说明孩子是从父母那里“学习到”这种特质的，或许他本来就有。但是，如果家庭中有“持之以恒”这样的价值观，确实会让孩子更加重视这种品质。

- 环境的影响

如果一个团体环境推崇毅力这种品质，其团体成员就更容易显示出这种品质。日本为何会涌现那么多杰出的“匠人”？这或许和日本重视“匠人文化”有关，如果一个民族会想办法提高人们对每一个行业的重视度和价值感，那么每个行业的从业者都有成为最顶尖“匠人”的目标，不会只求将工作做得“差不多”，或时时刻刻考虑换工作。

- 创造逆境

以上3个因素似乎都不太能够用于直接“培养”孩子的毅力，安吉拉·达克沃斯认为，孩子能够在克服困难的过程中一步步培养出毅力。也就是说，父母要适当让孩子经历逆境，这里的“逆境”并不是严重到伤害孩子的程度，而是说父母在抚养孩子的过程中要适当严厉，甚至某些时候可以略微苛刻，但是要让孩子感受到你的爱和温暖（这个度确实不容易把握）。

- 自我对话

教孩子学会鼓励自己，对自己说“我能做得更好”。关于这一点，达克沃斯教授在书中提到，她也找到了实证研究来证明这一方法是有效的。

“毅力”是“激情”和“坚持”的结合，父母在培养孩子“毅力”的时候，千万不要忘记“激情”这个因素，如果一个人没能找到自己热爱的领域，坚持只是一场痛苦的消耗。

06 如何培养孩子的幽默感

现实版灰姑娘的故事

我看到一个学妹小苏的微信朋友圈，她和先生一起带着孩子在迪拜旅游，一家人其乐融融。其实，之前小苏和她先生的婚姻一直不被看好，从他们恋爱开始就被唱衰，因为小苏和她先生实在是门不当户不对的典型。

小苏的公公是一家上市公司副总，她先生留学归国之后也进了这家公司，短短几年就做到公司一个重要部门的负责人。小苏的先生除了工作能力很强，颜值也不差，高高瘦瘦，有点儿像韩国的某个演员。

刚和先生认识的时候，小苏还是一个普通员工。知道小苏和副总的公子在恋爱的时候，很多人都暗暗吃惊，更多的人是坐等看小苏被甩。然而两人恋情稳定，两年后携手走入婚姻殿堂。记得在婚礼上小苏的先生对她的评价是："小苏是我认识的女孩子中最有趣的一个，她总能带给我很多欢乐和能量，和她在一起我感觉很快乐。"

两人的婚姻，有点儿像现实版的灰姑娘和白马王子，只不过灰姑娘赢得王子爱慕的方式并不是容貌，而是性格——有趣。"有趣"确实是小苏的特点。在和小苏的接触中，我发现她有一个特质——幽默感。一些平淡、无聊甚至比较沉重的话题，小苏都能用幽默的方式去解读，不仅让人眼前一亮，还能让人很快转换情绪和思维。

幽默感是综合能力的体现

几乎所有人都喜欢有幽默感的人，但是在孩子成长过程中，“幽默感”这个特质却常常被忽略。虽然我们常常只用“幽默感”或“有趣”等一两个词去形容一个人，但实际上良好的幽默感是一个人综合能力和特质的展现。

一个具有幽默感的人，对人生的态度比较积极，相对于人生态度消极的人，他们更有能量，对周围人的影响力也更强。

幽默感也代表一个人具有更佳的认知水平，理解一个笑话或者讲述一件趣事的前提，是具有比较好的记忆力，也需要有比较好的知识储备，甚至是对很多领域的涉猎，并且能够将已知的信息在各个领域进行迁移。因此，很多具有良好幽默感的人都比较聪明、灵活。具有幽默感的人常常给身边的人发“精神福利”，所以他们的人际关系也比较好。

积极心理学家将“幽默感”归类于“超越自我”的品质，另外4种“超越自我”的品质分别是敬畏、感激、希望和灵性。这5种品质合起来可以加强人们与世界的连接，让人的生命更加富有意义。

这样看来，小苏能够吸引她先生，并不是因为运气好，而是她的内在品质和素养本来就不差。容貌的吸引力会在伴侣相处的过程中渐渐减弱，到最后的影响会变得微不足道，但幽默感这种内在特质却会为伴侣的亲密关系不断加分。小苏和先生已经结婚6年，生活一直平静而幸福。

根据孩子每个阶段的发展特点培养幽默感

幽默感是培养孩子过程中最容易被忽略掉的一种素质，因为很多父母都以为幽默感是天生的。其实不是，幽默感是后天可以培养的特质。

培养不同年龄阶段孩子幽默感的方式是不相同的，每一个阶段都有特有的方式。

◆ 婴儿时期

婴儿当然还不能理解什么是幽默。但有研究发现，面对正常事件和非正常事件，6个月大的婴儿会对非正常事件关注的时间更长，虽然他们对非正常事件的反应独立于他们父母的回应，但当父母笑起来的时候，他们会密切地观察父母。到1岁的时候，如果这个非正常事件再次发生，即便父母没有发笑，婴儿也会笑起来。可以说，是父母开启了孩子幽默感的大门。

所以，对于婴儿来说，父母可以通过表情、肢体语言、笑声和笑容去引导他们，婴儿会通过父母的情绪感觉到愉悦。

孩子到了9～15个月时，已经对周围的世界有了更多了解，有时父母做出一些意想不到的行为去逗他们，他们就会发笑。此时，父母最好多和孩子有肢体接触，逗他们玩，比如挠挠他们的小肚子，看着他们可爱的样子笑起来，或者和他们一起笑。

◆ 幼儿时期

幼儿更喜欢肢体上的幽默，尤其是包含了惊喜元素的幽默，比如“跳出来吓你一跳”这样的肢体幽默。

当孩子的语言能力渐渐发展起来，他们会发现有韵律的词比较有趣，此时儿歌、幽默简单的绘本故事等，都是帮助他们打造未来幽默感的不错选择。

在这个时期，孩子会尝试着逗父母发笑，比如做一些搞笑的表情，或者恶作剧，等待在被发现的那一刻跟父母一起哈哈大笑。如果你发现自己的孩子想逗你笑，不管他是否成功，都请不要嘲笑或者羞辱他。如果他在早期发展幽默感的道路上受到挫折，可能就不会再朝这个方向努力了。

◆ 学龄前儿童

学龄前儿童更喜欢在图画中寻找幽默元素，声音和图画结合的幽默元素也很容易吸引他们。此时，绘本故事和有声故事是培养他们幽默感的最佳选择。

由于这个阶段的孩子活动范围增加，与其他孩子的接触也逐渐增多，他们会发现活动中的乐趣，社交方面的幽默感在这个时期就有机会发展起来。他们可能会和别的孩子交流动画片中有趣的情节，甚至模仿那些让他们发笑的动画人物。如果孩子愿意给父母讲让他们感兴趣的动画人物，父母也可以和他们一起开心地大笑。

◆ 学龄儿童

语言的进一步丰富，使得学龄儿童开始对幽默语言越来越感兴趣——词语游戏，夸张、谐音等言语变化，都会让孩子觉得有趣，他们开始给别人讲自己听到或者阅读到的笑话。

再大一些时，他们就能够掌握双关语、谜语以及更复杂的词语游戏，开始挑战一般的语法规则或者语言规则，甚至自创词语，让语言更加有趣。

此时，可以让孩子通过阅读尽可能多地掌握词语。如果孩子已经能够识字，可以给他买一些童话书、百科全书、历史类书籍等，来增加孩子的阅读量。多给孩子提供机会，让他讲述自己读到的东西，以训练他的表达能力。越多与人分享知识，孩子就越容易掌握如何分享会让别人感到有趣的技巧。

需要注意的是，幽默感也可能会被滥用，比如用来挖苦或嘲笑别人。如果父母发现孩子在不当运用幽默感，就需要提醒孩子，这样做只会招致别人的反感。

除了给孩子提供一个培养他们幽默感的环境，父母本身也可以成为孩子的榜样。如果父母本身是幽默感很强的人，孩子耳濡目染就会渐渐学到父母的这个优点，让自己的家里充满欢乐气氛，和家人一起讲笑话，讲有趣的事情，一起欢笑。

对孩子不要过分严厉，很多严厉的父母教育出来的孩子要么缺乏幽默感，要么喜欢讽刺人或者挖苦人。

CHAPTER

7

孩子的大脑发育和智力发展

智力应该是多元的，在语言和数理逻辑方面的智力只是智力的一部分，除此之外，还有另外6种智力——音乐智力、空间智力、身体运动智力、内省智力、人际关系智力和自然智力。

01 早期阅读的重要性

婴儿会阅读吗

阿乐卡（Aleka）的父亲罗伯特·帝策（Robert Titzer）博士是一位婴儿学习研究领域的专家，从出生那一天起，阿乐卡就被父亲当成“实验对象”。她的父亲发明了一种叫作“多重感官学习技术”的方法，通过视觉、听觉、触觉等多重感官刺激，将孩子置于丰富的语言环境中，刺激阿乐卡学习语言，让她在婴儿期就能接触并学习精准的语言。

罗伯特·帝策博士说，每个孩子只有一个学习语言的天然窗口期，即0～4岁期间。在这个窗口期内，婴幼儿可以很容易地学习任何语言，包括听、说、读、写等技能。一旦错过这个时期，语言学习将变得不再容易。如果孩子进入学校才开始学习阅读，其实已经错过了黄金期。

语言学习和人类大脑的发展同步，一个健康的孩子，在出生时拥有大约2亿个活跃的脑细胞。在0～3岁期间，人类大脑的发育速度最快，如果给予足够的刺激，每一个细胞都可以发展出数以千计的树突（脑细胞间的连接），如果在此期间孩子能够掌握语言，将对他们以后的发展非常有利。

大量发展心理学方面的研究显示，一个孩子越早掌握阅读能力，他在学校的表现就会越好，甚至他一生的成就也会受到正面的影响。很早就拥有阅读能力的孩子，在学业上的表现会自信，他们对自己的评价也较高。

那么，小阿乐卡的表现如何呢？在爸爸的教导下，阿乐卡9个月大的时候就可以识字了。她4岁时，已经拥有11年级（相当于中国高中二年级）的阅读能力。由于阅读能力是在校期间发展其他一切能力的基础，所以阿乐卡的学业表现也很好，优秀的学业能力使小阿乐卡更加自信，她还拥有更多时间去学习另一门语言。这是一个非常好的良性循环。在阿乐卡正式入学前，她就已经远远超过同龄人，这才是真正的“赢在起跑线上”。

那么，罗伯特·帝策博士是怎样教婴儿阅读的呢？他让老师给孩子看一张卡片，卡片上面是单词，让孩子辨认是什么单词。孩子还太小，发音不太标准，但是大部分单词都能发音，如果孩子不确定怎么发音，可以用手指自己身体的部位，告诉老师自己知道。孩子回答正确以后，老师会将卡片抽出来，给孩子看图片，图片就是正确答案。小宝贝几乎都答对了，老师不停地说“答得好”。看得出来，小宝贝非常喜欢“识字游戏”。

罗伯特·帝策博士的方法被证明很有效，他将这套方法推广到世界上很多说英语的国家，采用这种方法教育孩子的家长都惊喜地发现，当别的孩子还在牙牙学语的时候，自己的宝宝已经在学习认字了。

为什么孩子越早掌握阅读能力越好

尽早教孩子阅读有非常多的益处，这将成为决定孩子未来学业成功的关键。尽早掌握阅读能力，有以下几个方面的好处。

◆ 神经系统发育方面的益处

当父母对孩子讲话、唱歌、阅读的时候，孩子脑细胞间已有的连接会加强，新的连接又会形成。当孩子学习阅读的时候，学习过程会对大脑的整体功能和发育都产生深远的影响。

◆ 教育方面的益处

阅读能力决定了孩子早期学业的优异程度。学习成绩越好，孩子就越喜欢学习，进而使得他们每一门功课都取得优异的成绩。当孩子在年幼的时候就开始学习阅读，他的知识面更广，词汇量更大，阅读能力也更强。他能注意到生活中出现的很多词语，这样他时时都能在生活中进行学习。

孩子是天生的学习者，由于阅读能力强，他们可以阅读很多书籍、杂志，当他们可以自主学习的时候，求知欲会进一步提高。渐渐地，孩子会养成自主学习的习惯，这个习惯会伴随他们一生。

◆ 心理方面的益处

一个在家里能够愉快阅读的孩子，自信心和独立性都比较好。阅读会使孩子更加成熟，道德感更高。同时，早期阅读能力还会增加他们对人、对事物运作的好奇心，激发孩子的创造性和想象力。

孩子在入学前学习阅读，不会感到任何压力。如果他们进入学校才开始学习阅读，就必须要和同龄人竞争，这种压力非常大。很多孩子厌学，并非是因为智力不够或者求知欲低，往往是因为学习的压力过大，或者自卑心理阻碍了他们的探索。

◆ 社交方面的益处

即便孩子还处于幼儿期，他们也有社交意识——他们知道哪一个小朋友最受欢迎。如果孩子很早就能阅读，他们在幼儿园的时候就会被选出来带领大家读书或者表演，当他们进入小学的时候，阅读能力也会大大超出同龄小朋友，这会使得他们的学习能力更加突出，老师也会更喜欢他们，这又会进一步增强他们的自信心，推动他们取得更好的学业成绩。他们对自我形象的认识也会更加正面、积极，与人相处也会更加和谐。

需要注意的是，培养孩子的阅读能力，一定要建立在孩子感兴趣的基础之上，否则强制性的学习只会适得其反。

02 孩子数学成绩差，可能是父母引导不当造成的

有一种焦虑，叫作“数学焦虑”

很多人以为美国孩子的数学很简单，美国的孩子平时都没什么作业，最主要的功课就是玩。如果你也是这么想的，就大错特错了。美国的孩子和中国的孩子一样，他们的数学也是一年比一年难，很多家长也面临一个问题——辅导孩子完成数学作业。小学低年级的数学题还好，一般成年人都可以应付，但是随着孩子年级的上升，有些家长数学方面的局限性就开始显现出来——他们一旦面对“数学”这个话题，就会感到焦虑。心理学家将这种现象称为“数学焦虑”。

如果父母有这种焦虑，他们很可能会在辅导孩子功课的时候，将这种焦虑传染给孩子。

S夫人住在纽约，她有两个儿子，大儿子读五年级，小儿子还在上幼儿园。S夫人自己在小学四年级左右就开始出现数学焦虑，那时老师点名让她在黑板上为大家演算一道数学题，她做不出来。从此以后，她的数学成绩

越来越差。儿子读五年级之后，她丈夫被公司派往欧洲工作，此后孩子的作业就归她辅导了，当然包括数学作业。结果她不得不每晚给在欧洲的丈夫打电话，丈夫、她、儿子三个人一起开电话会议，共同讨论数学题。有的时候丈夫感到很崩溃，因为那些数学题并不是特别难，但只要丈夫说“这么简单的题，你怎么不能帮孩子检查”之类的话，S夫人就会发脾气，对丈夫吼道：“我就是不会！”之后，她对辅导孩子的数学功课越来越焦虑。

内华达大学阿什克拉夫特（Ashcraft）教授专门研究数学焦虑的问题，他说，患有数学焦虑的人并非智商真的比别人差，而是焦虑本身使得这个人的数学能力变差。在解决数学问题的时候，需要用到相当多的工作记忆[1]。担忧和焦虑会消耗很多工作记忆的资源，以至于让人没有足够的资源去解决数学问题。最常见的例子就是，你明明把演讲稿背诵得很熟，但当你站在讲台上紧张得不行的时候，你的大脑却变得一片空白，什么也想不起来。数学焦虑也会使焦虑者本身在面临解决数学问题的时候大脑迟钝，使得本来能解决的数学问题，比如小学生的数学题，也解决不了。

研究者发现，在一个家庭中，这种焦虑可以由父母传染给子女，家长往往在辅导孩子做数学作业的时候，通过语言将这种焦虑传递给自己的孩子。有些家长会对孩子说：“我数学成绩也不好，那又怎样？”这是一句非常糟糕的话，这句话将给孩子传递很多关于数学能力的负面信息。

数学成绩不好真的没关系吗？经过数十年的研究，研究者们发现，对数学的焦虑不仅仅是影响人的考试分数那么简单，它还影响人的自尊感，甚至影响人的日常生活，比如，在超市买东西算价钱、出去吃饭算折扣之类的日常生活问题都可能受到影响。对自尊感的影响就更深层次一些，人

1 工作记忆又被称为短时记忆，是心理学中的一个重要概念，它在学习、思维和解决问题中起关键作用。——编注

们会将其与智商联系起来，有的人会因为数学很差而觉得自己有点儿笨。

数学成绩不好的父母，该如何辅导孩子学习数学

库珀（Cooper）博士是美国杜克大学一位专门研究家庭作业效果的心理学教授。他建议，有数学焦虑的家长，最好不要给孩子辅导数学功课，因为他们会在无形中将自己的焦虑传染给孩子，孩子每学到一种新的数学方法，家长的焦虑就会加重一层，因为他们感到自己对孩子的数学课越来越无能为力了。

此外，在孩子小的时候，父母就应该给他们创造一个积极的数学学习环境，随时随地和孩子玩数学游戏。告诉孩子："你有你的数学作业，我也有我的数学作业。"让孩子看到你每天在哪些地方用到数学，比如去超市的时候算商品的价钱，做饭的时候算时间，计算你的工资等。然后，鼓励孩子也算一算他们自己生活中的数学题。

还记得那位患有数学焦虑的S夫人吗？她开始利用业余时间学习数学了，作为一位负责任的妈妈，她不希望儿子像她一样对数学有焦虑，她希望自己能在这方面自信起来。一年之后，她感觉数学没那么难了。

03 牛津大学心理学教授告诉你，如何教孩子学好数学

我在上一篇文章中提到，不建议有数学焦虑的家长辅导孩子学数学，但每位家长都可以为孩子提供一个有益数学学习的环境。

很多家长期望自己的孩子以后能进名牌大学，但若想进名牌大学，数学是一个很难绕过去的科目。可是数学并不容易学，对吗？牛津大学一位心理学教授讲述了他是如何引导自己的孩子重视并爱上数学的。

◆ 第一步：建立信心

对于孩子来说，学习一项新技能是很可怕的事情，因为这对于他来说是陌生的，人类天生害怕陌生的事物。熟悉是建立信心的第一步，所以，要先让孩子熟悉数学。

如果你留心，就会发现生活中充满了“数学题”——当你计算时间的时候，当你在超市购物的时候，甚至在你收拾房间的时候……这时，你都可以让孩子参与你的“数学题”。如果他们已经有能力计算，可以邀请他们帮你计算。

你可以利用在厨房做饭的时间，让孩子帮你数豌豆；如果你家有空的饮料瓶，暂时别扔掉，把瓶盖取下来打乱，让孩子把瓶盖和瓶子进行配对。

你可以把生活中的很多场景变成数学游戏。时常给孩子创造机会去计

算，去形成空间感，数学对他来说就不再是一个陌生的领域。

◆ 第二步：专门为孩子创造一个“数学空间”

例如，可以在家里布置一个“数学天地”，那里摆满玩具、积木、图片以及各种图形、几何体。你可以和孩子在这里可以玩很多数学游戏。每当孩子在学校学到了新的数学算法，你都尽量想办法让它在现实中出现，然后尝试让孩子去解决。

◆ 第三步：跟随孩子的兴趣，通过游戏学习数学

对于孩子来说，学习是天生的能力，而游戏是孩子最好的学习方式。作为父母，你唯一需要创造的条件，就是让孩子在自己喜欢的活动中按照适合自己的节奏和方式去学习。

你可以和孩子一起玩一些游戏，让他们获得关于数学的现实体验。这些游戏可以是一些计算类游戏、分类游戏、配对游戏，也可以是测量游戏和图形结构游戏。

◆ 第四步：让孩子明白，数学方法灵活多变

让你的孩子知道，数学并非只能通过纸和笔才能解决。可以用计算器，可以心算，甚至很多时候你不需要知道一个精确的数字，大概能算出一个区间就够了——这就是统计学的本质。

允许孩子通过多种方法解决数学问题，这样可以增加他理解、思考数学的灵活性。

◆ 第五步：让孩子接受一个理念——数学是我们生活的一部分

没人愿意去学习一个无用的技能。很多人把数学想得太高深了，认为

数学只是数学家们的专利。如果你也是这么想的，那么请你先扔掉这种观念，因为你的孩子一定会学会你的这种观念。你怎么去说服一个人学习一个连他自己都认为没用的东西？

作为父母，你无法替代孩子学习数学，当然，逼着他们学数学也是很愚蠢的方式。你能做的是让孩子对数学感兴趣，对自己的数学能力有信心，这样他自然就会主动学习。我小的时候，父母从不辅导我学习数学，但父亲给我买了一本绘画书，里面有很多数学游戏，我想我对数学的兴趣就源于那本书。

04 3岁前，如何通过良好的语言环境塑造孩子的大脑

很多人以为3岁前的孩子什么都不懂，所以随便在他们面前说什么都可以。然而，这种观念已被证明是不正确的。一个正在迅速发育的大脑，会通过听觉和视觉接收到大量的信息。如果把大脑比喻成一部机器，在孩子出生后的前3年，家长的言行其实正在创造这部机器。

一个延续多年的研究发现，到4岁前，贫穷家庭的孩子听见的单词总数比富裕家庭的孩子少3000万，而且他们听见的单词大部分都是负面的、否定的、简单粗俗的。没有良好教育背景的父母，很容易采用一些简单的命令性短句，比如：“不许哭！”“不要碰！”“坐好！”贫穷的生活给父母带来更多的焦虑和负面情绪，他们也很难有心情耐心地跟孩子讲话。

3年之后，贫穷家庭的孩子接收到的新词语、复杂的词语会比富裕家庭的孩子少很多，即便他们在以后的时间里可以通过接受教育学习很多东西，但是他们接受新知识的方式基本已经定型。有句俗话叫“3岁定80”，并非毫无道理。

美国研究儿童发展心理学的专家已经指出，所谓的学前教育时间可能已经晚了，教育从刚出生的那一天就应该开始。学校并不是教育的起点，在某种程度上来说，孩子在学校的表现是父母对孩子教育的一种检验。他们的研

究还发现，孩子的数学能力、空间推理能力、毅力、自律性、道德感、同理心等，甚至都和孩子前3年所听到的单词有关系。所以，当孩子正式进入学校以后，他们的学习能力会有显著差异。你会发现，有些孩子并非不努力，但他们的成绩就是不好，他们理解一些知识就是比别的孩子慢，等等。

3 岁前，如何为孩子打造良好的语言环境

那么，父母应该跟3岁前的孩子说些什么？也许你已经给你的宝贝提供最好的生活了，但那远远不够。你是否给他提供了一个良好的语言环境，去塑造他的大脑呢？

使用下面的方法，给你的孩子打造一个聪明的小脑瓜吧。这种方法也是“3000万字行动”[1]经过多年探索总结出来的方法。

- 与数字有关的词语：3岁前对孩子说与数字有关的词语，比如1、2、3等纯数字，以及准确说出十、百、千、万等，这对他们之后的数学能力有很大帮助。
- 与空间有关的词语：准确地向孩子描述大小、形状、距离、重量等，都能帮助孩子理解两个物体之间的空间关系。空间感知能力是学习科学、高科技、工程学的基础。
- 与毅力有关的词语：无论一个人天资多么聪颖，没有恒心与毅力，很可能一事无成。孩子听到越多表扬他们毅力的词语，他们未来就越可能坚

1　为了减少贫穷家庭的孩子与富裕家庭的孩子之间学习能力的差异，美国两位经济学家建立了一个公益项目，叫作“3000 万字行动”，以资助美国贫穷家庭孩子入学前的教育。——编注

强面对挑战，取得更大的成就。

- 与自律有关的词语：有些小孩能认真听完一堂课，自觉完成作业，而有些则不能。这种自律性会延续他们一生。最新的研究表明，孩子能不能控制自己的行为和情绪，与抚养这个孩子的人的语言有很大关系。

- 与同理心和道德感有关的事情：如果你表扬孩子的行为，孩子就会在这件事情上表现出坚持性；如果你表扬孩子这个人，他就会渐渐成长为一个高尚、有道德心的人。

现在你知道每天该给你宝贝的大脑“喂”些什么食物了吧？

05 父母的语言环境对孩子的大脑发展至关重要

一个单亲妈妈和孩子的相处模式

罗拉晚上回到家的时候已经8点了。她的宝宝还不到3岁，看见妈妈回来，就“咿咿呀呀”想让妈妈抱。罗拉是一个单亲妈妈，白天母亲帮她照顾孩子，晚上她自己照顾。她在商场做促销员，工作很累，站一整天，还要不停地跟顾客聊天，向他们推销商品。

晚上回到家的时候，她什么也不想做，只想躺到床上睡觉。但她还是接过孩子，面无表情地喂孩子吃饭。吃完饭以后，她打开电视，给宝宝放动画片，这样宝宝就能安静一会儿，她也可以利用这段时间收拾房间。

给宝宝洗澡的时候，她想起今天和主管吵了一架。最近她的情绪很差，总是容易和别人起冲突。她很担心主管会到老板那里打小报告。主管是一个很小心眼儿的女人，似乎早看她不顺眼了，可能早就想找机会炒掉她。天哪，她之前怎么没想到这一点，也许那个女人就是想故意激怒她？她被算计了！如果下个月她被炒掉，又要找工作了。想到这里，她嘤嘤地哭了起来。

澡盆里漂满了泡沫，宝宝好奇地伸手去抓，一边抓一边吃了起来。

罗拉看见了，惊慌地对孩子吼道：“不要吃那个！”她一把抓住孩子吃泡沫的手，谢天谢地！她及时看见了，不然这小家伙又要吃下去了。最近小家伙好像什么都往嘴里放，她每天都要不停地对他说：“不要吃这个！”“不要吃那个！”

当她躺上床的时候，宝宝已经睡着了。她终于可以松口气了。

父母的语言对宝宝大脑发育有多大作用

罗拉是美国一个典型的低收入单亲母亲，以上是她与孩子一整天相处的情形。你发现什么问题了吗？作为母亲，她与孩子相处的过程中遗漏了什么？也许你没注意到，在和孩子相处的这么长时间中，她只对孩子说了一句话：“不要吃这个！”这样的相处有什么问题？

人类的大脑是唯一在出生后还具有可塑性的器官，尤其是在3岁以前。3岁前，大脑会发育到成熟期的80%左右，这3年里，大脑会建立起700～1000个神经连接。那么，让大脑建立这些连接的是什么呢？是语言。这里的语言，是指父母的语言，也包括照顾孩子的人的语言。

婴儿生下来时可能差异并不大，什么都不懂，什么都不会说。然而，你只能看到表面，却看不到他们正在迅速发育的大脑，你看不见大脑中那700～1000个神经元每秒都在建立连接。一直到孩子比较大，甚至入学之后，你才会发现，有些孩子似乎特别聪明，反应迅速；有些孩子似乎很努力，但是功课却不怎么好；有些孩子对美术敏感；有些孩子对音乐敏感。

遗憾的是，当你发现他们这些特点之前，大脑就已经定型了。在0～3岁期间，孩子的大脑神经元已经按照一定的模式建立了连接，这种连接可能有利于他们学习理工科，也可能有利于他们学习艺术专业，或者什么也不适合。

然而，这套连接却是父母在孩子3岁前，通过语言为他们建立起来的。

“3000万字行动”调查数据显示：

- **靠救济金生活的家庭的孩子，每小时听到的单词数是616个；**
- **工薪阶层家庭的孩子，每小时听到的单词数是1251个；**
- **有高学历专业背景家庭的孩子，每小时听到的单词数是2153个；**
- **此外，低收入家庭的孩子不仅听到的单词数量少，而且他们还听到很多消极的单词以及粗鄙的俚语；在人生最初的4年，高收入家庭的孩子听到的积极、正面的单词数比低收入家庭的孩子听到的多56万个。**

所以，那些出生在经济状况良好的家庭的孩子，一出生就在一个语言丰富、正面的环境中接受熏陶。为什么不同家庭的孩子接收到的词语数量和种类相差这么大？

还记得文章开篇罗拉的故事吗？由于生活的窘困与不顺，她没有足够的精力和心情与孩子交流，在她每天和孩子相处的几个小时中，她只说了一句话，而这句话还是一句不产生互动的命令性语句。她孩子的大脑，每一天的发育都比语言丰富家庭的孩子大脑发育落后一些。

如何跟宝宝讲话，才能提高他的语言能力

在上一篇文章中，我介绍了父母应该对宝宝说什么词语，现在来谈一

谈应该怎么说。

“3000万字行动”传播了一个“3T”法则，即父母与孩子沟通时要遵循以下法则：

- 接收（Tune In）——**关注你的孩子想与你沟通什么；**
- 多说（Talk More）——**运用大量描述性的词语与你的孩子讲话，讲得越多越好；**
- 轮流（Take Turns）——**鼓励你的孩子对你的词语和行为做出反应，鼓励他们和你说话。**

下面通过一些具体的例子来说明如何运用“3T”法则。

你想带孩子出门玩，他还没穿上鞋子。也许你会对他说：“快穿上你的鞋子。”这是一个命令式的句子，完全不符合“3T”原则。因为你没有和孩子互动，也没有沟通，孩子只能被动执行你的命令。你可以换一种说法：“我们现在要去公园了，去公园前我们该做什么呢？要先出门，对吗？如果要出门，我们该做什么事情呢？该穿鞋子，对吗？”

这样的对话是一种互动，用一种鼓励孩子对你做出反应的方式与他们沟通，这样才有利于他大脑的发展，因为他要思考，思考的时候神经元连接就建立起来了。

再举个例子。孩子可能在很小的时候就对颜色和形状感兴趣了，他抓起一个东西玩，然后可能会拿给你。这时，虽然他还不会说话，但其实他正在和你交流。你是敷衍他一下呢，还是回应他的交流？其实，这时是你帮助孩子建设大脑的好机会。根据“3T”法则，你要关注孩子正在和你沟通什么，然后就可以和他对话了。你可以详细地给他描述色彩，对他说：

“这朵花是红色的，红色就是这样的，和妈妈的衣服颜色一样。”你也可以给他描述形状、大小、重量等。比如，你可以说：“宝贝，这个球是圆形的，盒子是方形的。还有什么是圆形的呢？”

运用“3T”法则的时候，你要时刻铭记于心：你的宝宝不是一个不会说话的婴儿，他是你的聊天伙伴。及时回应宝宝说出的每一个词语，努力让他和你对话。哪怕他只能咿咿呀呀发出一些你理解不了的音节，你也要鼓励他不停地回应你的每句话。此时，你们之间的眼神接触、肢体动作等都是一种语言。

给孩子创造丰富的语言环境，还有一个最有力的工具——给孩子读书。你可能会觉得孩子听不懂，但真的没关系，他的大脑一直在记录。

这里还要提醒两点：

• 为了丰富孩子的语言环境，开着电视给他们看会有用吗？

没用。因为人类的大脑是社会性的，语言之所以会发展出来，就是为了与别人进行连接、互动，我们的大脑几百万年来的发展，是语言促进的结果。而电视节目是单向的，不能产生互动。没有互动的语言对宝宝大脑的发展是没有作用的。

• 语言不仅传递信息，还传递情绪。

如果你正处在很糟糕的情绪中，请调整之后再与孩子进行交流，否则你在无形中会把很多负面词语传递给你的孩子。

06 允许孩子“无聊”，孩子的创造力会发展得更好

“无聊”并非坏事

父母总是担心孩子“太闲”，尤其是当孩子抱怨“无聊”的时候，很多父母都会想办法帮孩子解决这个问题，有些父母会给孩子报名参加补习班，有些父母会给孩子买很多玩具、电子产品，以便让孩子“无聊”的时候能够找到事情做。但是，“无聊”真的是一种糟糕的状态吗？

英国东英吉利大学教育和终生学习研究院的贝尔顿（Belton）博士，调查了很多作家、艺术家和科学家以后发现，“无聊”不仅没我们想得那么糟糕，甚至还可能对人创造力的发展有相当重要的作用。

“无聊”到底是什么？“无聊”肯定是一种不舒服的感觉，是内在一种“真空”的状态，每一个人都具有填满这个“真空”的天性，因此当我们感觉无聊的时候，就会找一些事情来做，孩子也一样。为了消除这种不舒服的感觉，人们可能会主动与别人连接，比如找人聊天，参与一些曾经没做过的事情，甚至到一个新的环境中去体验新事物。

感到无聊的孩子，更有可能自己想办法找到事情来做。孩子拥有无聊的时刻，更容易发展出自己的创造力。他可能会编故事、画画、读书、散步、和朋友做游戏，甚至只是看着天空发呆，看着周围的景物发呆。而发呆的时间更容易让人自由自在地想象，发展自己的思维过程，将生活中的体验或者观察到的事物内化为自己的，更深刻地感受外在世界与内在世界的联系。

“无聊”也常常和“独处”相关联，独处会使一个人更加专注于自己的内心。一个人能够与自己的内在连接，既是一种能力，也是心理健康的表现。通常能够享受独处状态的人，拥有更多的内在资源，他们不会为了赶走无聊而去从事高刺激的活动，也不容易沉迷于某件事物，比如酗酒。知道如何应对无聊的孩子，成年后更容易通过自己来平衡这种“真空”的感觉。

允许孩子“无聊”，有利于发展孩子的创造力

遗憾的是，现在的孩子无聊的时间越来越少。随着电子产品的普及，电视、平板电脑、手机充斥着人们的生活。当孩子没什么事情可做的时候，能很容易通过电子产品来填满自己的“内心真空”，赶走无聊。

为什么孩子通过玩电子游戏或者看电视无法发展出创造力呢？以游戏为例，通常游戏总有一条线索，告诉玩家需要做什么、完成什么目标，这个过程中几乎没有想象力的参与，只是在有趣地完成既定任务。而看电视则更不用说，只需要跟着故事情节走就行了。

不仅孩子消除无聊的方式对他们创造力的发展没有什么好处，很多父

母也不允许孩子有无聊的时间。有时，父母给孩子安排太多的课外活动或者学习，这也会挤压孩子的无聊时间。

所以，如果你希望孩子的创造力发展起来，就应该让孩子拥有无聊的时间，无聊的状态也会让孩子拥有更多内省的机会。

如何帮助孩子发展创造力

如果可能的话，建议父母做到以下两点。

- 减少孩子接触电子产品的时间

虽然说电子产品给人们带来很大的便利，对孩子的生活和学习各方面都有益处，但是电子游戏和视频太容易让孩子沉迷，而这种“被人牵着鼻子走”的方式并不利于孩子创造力的发展。

- 鼓励孩子多参加户外活动

孩子在自然界中玩耍的时候，更可能发明出自己的游戏，而不是玩别人设定好规则的游戏。

如果孩子平时太忙，或者太沉迷于电子产品中，趁着假期，父母应该多给孩子一些亲近自然的时间，带上画笔或者书，让孩子远离电子游戏，暂停繁重的学业，有一段时间只是发呆，无所事事，让他慢慢去欣赏周围的景物，比如天空、云朵、鲜花、树木等，静静地感受自己的内心和自然的连接。孩子会比我们想象的更快适应自然的环境，创造出专属自己的活动。

07 了解多元智力理论，你的孩子也许就是“天才”

患有亚斯伯格症的漫画大师

我很喜欢一位漫画家，他叫朱德庸。如此著名的漫画家，却有一个很不快乐的童年。

朱德庸患有亚斯伯格症，这是一种“没有智能障碍的自闭症”，但小时候他和家人都不知道。患有亚斯伯格症的人，有社交困难、沟通困难以及固执狭窄的兴趣，还常常无法理解规则。

朱德庸从小就被认为是个愚蠢的孩子，一直遭受外界的歧视。他的学习成绩很差，高中第一学期就被留校察看。那时，他只会喝酒、跳舞、追女生，最终他没有考上大学。结婚以后，他才知道自己还有识字障碍，所以很多东西都学不会。

因为这种病，他感受到了来自外界的恶意。如果不是最终在漫画领域成功，他可能一生都会在歧视和屈辱中度过。

亚斯伯格症并不是智力障碍，但朱德庸却一直被人认为是愚蠢的。为什么会这样？因为很多人对“智力”的认识过于狭隘。

多元智力理论

美国教育家、心理学家霍华德·加德纳认为，传统的智力测验和学校的教学往往只注重语言和数理逻辑方面的智力，但实际上智力的范畴并不应该如此局限。

孩子会通过各种方式向外界学习，他们的学习方式不同，各自的天赋也不同。

加德纳教授在1983年提出了“多元智力理论”，该理论认为，智力应该是多元的，在语言和数理逻辑方面的智力只是智力的一部分，除此之外，还有另外6种智力——音乐智力、空间智力、身体运动智力、内省智力、人际关系智力和自然智力。

有些孩子可能在语言和数理逻辑方面得分很高，另一些孩子则可能在其他领域得分较高。但我们的教育都是按照语言和数理逻辑智力来设计的，那些在这两方面得分不高的孩子，不仅没有优势，还可能被贴上“学习障碍”的标签。

因为识字障碍，朱德庸在语言智力、数理逻辑智力方面比较欠缺，通过阅读书籍来学习的方式根本不适合他。亚斯伯格症又使得他的人际关系智力欠缺，所以周围的人可能觉得他很蠢。但他其他方面的智力可能发展得很好，比如空间智力，这种智力得分高的人，对线条、形状、结构、色彩和空间关系很敏感，这种智力在画家、雕刻家、建筑师等身上有比较突出的表现。

对智力的看法本质也会影响智商的发展

由于没有找到自己的天赋所在，也没有适合自己的学习方法，有些孩子在学习过程中会遭到极不公平的对待，在一次次的挫折中开始怀疑自己的智商。很多孩子认为智商是无法改变的，自己注定就是个“笨蛋”。这会导致一个更坏的结果——孩子对学习充满焦虑，最终自暴自弃。

斯坦福大学的德韦克教授一直在研究智力与动机的关系，她发现，每个人对于智力的看法本身就会影响这个人的智商。如果一个孩子认为人的智商是恒定不变的，他就会特别介意自己是不是聪明的人。他们喜欢做那些自己能够做好的事情，而回避那些可能会出错的事情。与之相反，如果一个孩子认为智商是有延展性的，是可以提高、可以改善的，他们就更可能去接受挑战，不怕受挫。

德韦克教授的一项针对纽约初中生的研究发现，那些认为智商恒定不变的学生，学业成绩会有下降的趋势。

心理学家设计了一个为期8周的实验项目，在项目中教给一组学生学习方法，同时告诉这些学生：大脑和肌肉类似，越用就会越聪明，智商会因为训练而得到提高。对另一组学生，他们也教授同样的学习方法，但是没有告诉学生大脑会越用越聪明，智商会因为训练而得到提高。第8周项目结束时，第一组的学生学习成绩明显提高，学习习惯也有了很大改善。

知道自己能够改善自己的智商，会让学生充满能量。德韦克教授记得项目中有一个男孩在班上总是调皮捣蛋，学习成绩很差，当他知道智商是可以改变的时候，竟然双眼含泪地对德韦克说：“你们的意思是，我可以不是个笨蛋？”那时德韦克就知道，这个男孩心中的希望之火已经被点燃。这个男孩之后的改变也很惊人。进入这个项目以后，他每次总是很早就将作业交给老师，这样他就能早点儿得到反馈。一段时间之后，他考试的分数真的提高了很多。

德韦克的研究吸引了很多教育工作者和教练的注意力，因为只需要让孩子改变对智力的看法，就能让他们的学习动力和学习效果提高这么多，这种办法太适合用在那些成绩不好的学生身上了。那些学习成绩不好的孩子，有多少是因为对自己没信心，认为自己无法改变才自暴自弃的啊！

朱德庸先生还算是幸运的，因为他遇到了一个爱他而且理解他的父亲。父亲从没逼迫他学习人际交往的规则，也从没对他说过“你这个笨猪”，反而任由他在自己的世界中自由自在地画画。他的生命最终能在这个对智力认识不足的世界中开出鲜花，多亏了父亲。

CHAPTER

8

孩子的行为引导和教养技巧

从长远看，打孩子对改善他们的行为效果并不好，还有可能会增加孩子的攻击性和反社会行为。尤其是频繁采用严重体罚作为主要的管教方式，会造成孩子一系列心理问题，甚至还有反效果——打得越多，孩子的行为问题越严重。

01 孩子在公共场所发脾气，父母应该怎么办

一个疲惫的母亲带着两个学龄前的孩子在超市购物。儿子想吃冰激凌，妈妈说："不行。"被拒绝之后，孩子躺在地上大哭大闹。这位母亲尴尬极了，面对众人的目光不知所措，最后只有向孩子妥协。

一旦母亲妥协，孩子就会更加确信，在公众场合大吵大闹是达到自己目的的有效办法。可能没有任何一对父母希望孩子学会这样的方法来达到自己的目的，父母也不想吼孩子，更不想对孩子说脏话，甚至打孩子。那么，是否有不同的方式可以教导幼儿不乱发脾气呢?

也许下次可以使用下面这些方法来处理孩子在公众场合发脾气的情况。

◆ 向孩子解释为什么你要说"不"

有时候孩子需要成年人的帮助才能理解什么时候"可以做"、什么时候"不能做"。你可以告诉孩子为什么你拒绝他的要求。

◆ 讲话时与孩子平视

对于孩子来说，一个站起来的成年人对他有一种压迫感，这种压迫感会使他感到恐惧，人们应对恐惧的方法之一就是发怒。父母向孩子讲道理的时候，可以尝试蹲下来，和孩子的视线保持水平。

◆ 给孩子一些选择

有时直接说“不行”可能会加剧孩子的反抗。当你在说“不行”的时候，如果能给孩子一些选择或者其他的可能性，孩子也许就会规矩很多。比如，“你今天肯定不能吃冰激凌了，但是下次我们来这里我会买给你吃”。

◆ 避免眼神接触

如果这些都没用，可以尝试不要再和孩子进行眼神接触，也不要责怪孩子。相反，继续做你正在做的事情，比如把买好的东西装起来或者付款。这并不是说让你无视孩子，只是不再把注意力放在他发脾气这件事情上。

◆ 让孩子发泄情绪

有时，孩子发现发脾气没用，可能就会停止。但他也可能会尝试将情况升级。当孩子完全被自己的情绪淹没，而又无法从当下获得新信息的时候，他可能就会这么做。有些小孩会紧闭双眼、捂住耳朵，彻底崩溃。

如果孩子真的发展到这一步，你需要做的就是保证孩子的安全，让他将怒气发泄出来。如果孩子在家出现这种情况，你可以把他带到沙发上或者床上；如果是在商场，想办法把他带到一个安静的角落或者车上。

◆ 给他一个拥抱

有时，让孩子安静下来只需要一个动作——拥抱。拥抱会使人体释放出一种叫作催产素的激素，这种激素会让拥抱的两个人感觉更加亲近。通过这个动作，你向孩子传递了一些丰富的信息——你和他是一起的，你愿意帮他克服痛苦，你没有忽略他，而且你不是他的敌人。

如果孩子正处在崩溃的状态，就不要采用这种方式。因为在这种状态下，拥抱会成为一种过度刺激，直到他冷静下来再给他拥抱。

◆ 和孩子谈论下一次遇到这种情况该如何处理

趁热打铁是最有效的。事后选择一天，你和孩子情绪都平静以后，和孩子讨论下一次遇到这种情况该怎么办，如何克服他的愤怒情绪。通过这种方式，可以教导孩子学习公共场合的恰当表现以及自我觉察，下一次孩子可能会更能懂得自我控制。

不过，也许下一次遇到类似情况时，孩子还是会哭闹，不能指望幼儿经过一次教训就可以学会规矩。但如果下一次孩子闹得不像以前凶，父母过段时间就可以表扬他有所进步。

面对孩子胡乱发脾气这种情况，父母需要坚持一个原则——不能对要脾气的孩子让步，让步只会助长这种行为。父母要始终如一地坚持自己的立场，这对于管教幼儿来说尤其重要。通过这种方式，父母可以在家庭中树立权威。同时，父母也应该让孩子明白，自己做事一定会坚守原则，但是对孩子要充满关爱，这会让孩子更有安全感，在人生的关键时期加强和爸爸妈妈的感情联结。

02 为什么打孩子不是一种有效的管教方式

打孩子是全世界普遍存在的管教方式

美国人打孩子吗？答案是肯定的。2012年的一次调查显示，超过70%的美国父母赞成打孩子，他们认为有时候有必要通过打孩子让他们学会守规矩。

根据“终止体罚儿童全球行动”（Global Initiative to End All Corporal Punishment of Children）提供的数据显示，在美国、加拿大、英国等国家，用“打”来管教孩子是一种被接受的行为。81%的美国家长说，如果孩子的行为不恰当，他们就会打孩子。这一数据甚至比中国还高，中国只有50%～60%的家长说他们在调查前一个月体罚过孩子。

“终止体罚儿童全球行动”调查了6大洲（北美洲、南美洲、欧洲、亚洲、非洲、大洋洲）17个国家的情况，只有3个国家的家长表示不会打孩子，它们是新西兰、瑞典和阿根廷。瑞典和阿根廷分别于1979年和2016年立法禁止体罚儿童。

看来，用“打”来管教孩子，是全世界普遍接受的一种纠正孩子行为的方式。

为什么打孩子不是一种有效的管教方式

哥伦比亚大学伊丽莎白·汤普森·吉尔肖夫（Elizabeth Thompson Gershoff）博士搜集并分析了62年的数据，用以研究父母采用体罚管教与孩子的行为及人生经历之间有着怎样的关系。

吉尔肖夫博士的研究发现，体罚确实能让孩子很快遵守规则，并且表现出家长认可的行为，这比讲道理更能获取立竿见影的效果。也许这就是打孩子成为全球普遍管教方式的主要原因——短期效果非常好。

那么，长期效果如何呢？吉尔肖夫选择了11个家庭进行长期跟踪研究。她发现，从长远看，打孩子对改善他们的行为效果并不好，还有可能会增加孩子的攻击性和反社会行为。尤其是频繁采用严重体罚作为主要的管教方式，会造成孩子一系列心理问题，甚至还有反效果——打得越多，孩子的行为问题越严重。

为什么会这样？有一种观点认为，按照行为主义心理学的观点，要使惩罚有效果，必须在行为出现时立即惩罚，并且这种“行为—惩罚”模式还要具有一致性，即每一次孩子出现这种行为时都要立即惩罚，否则难以形成条件反射。但是，很多家长并不能保证孩子每次犯类似错误的时候都能给予同样的处罚。

更重要的一点是，体罚本身并不能教导孩子分辨是非对错。体罚只能使孩子害怕家长，家长在场的时候孩子可能会按照家长的要求去做；但家长不在场的时候，他们就不会守规矩。因为对孩子来说，“守规矩”只是为了避免挨打，他们并没有将“恰当的行为”内化，甚至并不知道为什么要这样做。

还有研究显示，孩子挨打之后会经历恐惧、愤怒、悲伤等情绪，这些情绪会使他们更加难以认同父母的管教。被父母打过的孩子，更可能对他人产生敌意，他们不会认为是自己做错了才被打，而认为是别人导致自己被打，从而在社交时更具有攻击性。所以，打得越多，孩子的行为问题可能越严重。

此外，打孩子还给孩子树立了一个暴力的榜样，他们会认为打人是一种合理的行为。那种在家被父母殴打的孩子，很可能会对弱于自己的同学采用暴力。吉尔肖夫还说，当这些孩子成年并拥有亲密关系之后，他们更可能对伴侣或孩子采用暴力。但吉尔肖夫博士也谨慎地强调，并不是所有被体罚过的孩子都一定变得具有攻击性，因为孩子性格的形成也和环境有关，尤其是亲子关系本身。

除了对孩子产生这些影响以外，暴力管教对于家长本身也有一个非常严重的负面影响——它会引发家长的虐待行为。殴打孩子和虐待孩子常常只有一线之隔，很多人在打孩子的时候，他们的愤怒并不会消减，反而会越来越甚。有些父母一开始只是想纠正孩子的不良行为，但在这个过程中，他们的管教会升级为严重的伤害行为，甚至导致孩子死亡。

了解打孩子的危害之后，也许很多父母还是会将它作为自己的教育方式之一，但在使用这种方式管教孩子的时候，或许你可以思考一下这些问题：

- 你可以保证每次见到孩子做出这种“错误”的行为都打他一次吗？
- 孩子被打以后，他真的认识到自己的错误了吗？他是怕被你打，还是真的认识到自己有错？

- 在打孩子的过程中，你仅仅是想纠正他的不良行为吗？在这个过程中，你有没有将其他的情绪也带入其中？
- 在你的成长过程中，父母是怎样管教你的？这样做有效吗？你希望自己的孩子也用同样的方式管教他的孩子吗？

经过这样一番思考之后，也许你的决定会更加理性。

03 孩子遭受校园欺凌，父母应该怎么办

孩子遭受校园欺凌的后果，远比家长想象得严重

校园欺凌事件可以说是全球青少年普遍面临的一种现象。一个名叫丹尼尔·菲茨·帕特里克的13岁美国小男孩，因为遭遇校园暴力，在家中的阁楼上吊自杀了。丹尼尔在学校是一个不受老师欢迎的孩子，一直因为成绩和体重的原因被老师鄙视，而他曾经的朋友不知道为什么也在孤立他，甚至挑衅他。他在学校被欺凌的事并非秘密，在过去很长一段时间里，他和家人一直在向学校和老师寻求帮助，但校长回复“这些都是暂时的，孩子们很快就会和好”，实际上丹尼尔却遭受到了更加严重的伤害。

丹尼尔去世之后，家人在他的房间找到了一封信，这封信讲述了他在学校被欺凌的事件。丹尼尔在信里写道：

我写下这封信，是想讲述我在学校里的经历。一开始一切都很好，我有很多朋友，成绩也优秀，生活很美好。我搬走一段时间再回来的时候，一切都变了。

我曾经的朋友们都不喜欢我了，他们不再和我说话。6年级的时候，我考试没及格，我的朋友也挂科了，他觉得这都是我的错，并且开始欺负

我，还连同其他几个同学一起欺负我。后来，我和他打了一架，所有人都停手了，只有那个同学没有，他很生气，最后我断了一根手指。在那之后，他又找了我很多麻烦，一直在欺负我，没有任何原因地欺凌我，我已经放弃去向老师寻求帮助了，因为他们什么都不管！

虽然事情不是我引起的，他挂科跟我没有关系，但他还是一直欺负我，我和所有老师都说过这件事情，但是所有人都无动于衷，除了一个老师，她总是耐心地试图理解我，并且试图帮助我，但也并没有持续多久。

我一直在祈求离开这个学校，即使挂科我也不在乎，我只想转学，别无他求。

关于校园欺凌问题的相关调查

什么是校园欺凌？有人认为校园欺凌只是肢体暴力，其实远远没有这么简单，除了殴打，一个或者几个孩子的情绪虐待或者用言语侮辱另一个孩子的时候，欺凌就发生了。某些欺凌事件还包括以结束一段友谊为威胁去操控别人，女生比较多采用这种方式，还包括传播被欺凌者的谣言，鼓励大家孤立被欺凌者。

校园欺凌是青少年和儿童面临的一种特殊问题，它可能导致一系列持续的心理和生理伤害。校园欺凌事件具有一定的普遍性，美国一项关于未成年人欺凌事件的调查结果显示：

- 在校园中，有24%的6年级学生报告自己曾遭受欺凌，而12年级的学生报告遭受欺凌的比例下降为7%；

- 在美国12～18岁的年轻人中，28%的学生报告遭受过校园暴力；
- 遭受校园暴力可能性最高的年龄阶段是6～8年级（也就是中国的小学6年级到初中二年级）；
- 8～11岁的孩子中，有1/3的人报告欺凌事件发生在校园；
- 4～8年级被欺凌的孩子中，有22%存在学习问题；
- 被欺凌的年轻人更可能出现心理问题，包括焦虑、抑郁、孤独以及低自尊；
- 欺凌别人的孩子也可能出现偏差行为，比如盗窃和吸毒；
- 那些报告自己被欺凌的孩子，有18%的人说他们被人取笑和羞辱，18%的人说他们曾被人传流言蜚语，5%的人曾遭受肢体暴力，3%的人曾被强迫做他们不愿意做的事，6%的人曾被人排斥；
- 男性更容易采取暴力的行为欺负别人，也更容易遭受来自同伴的暴力行为；女性则更可能遭受语言和心理上的欺凌，包括性骚扰和谣言。

研究发现，那些长期遭受校园暴力的孩子，成年以后比没遭受过校园暴力的孩子犯罪率高出6倍，他们也更可能体罚或者虐待自己的孩子。

被欺凌的孩子可能表现出这些现象：衣服丢失或者被撕坏；身上出现无法解释的瘀伤；对上学感到恐惧、焦虑，或者无法解释，就是不愿上学；出现逃学；容易情绪化；出现退缩行为；成绩一落千丈；没有朋友；食欲下降；向家长要很多钱，理由是交补课费或者餐费；睡觉时容易惊醒。

如何干预和处理欺凌事件

如何干预欺凌事件？当发现自己的孩子可能被欺凌的时候，父母可以做些什么?

- 询问孩子午餐后、上学前、放学后的时间怎样度过;询问孩子在学校的感觉如何;询问孩子的学校是否有欺负同学的人,不要直接问孩子是否被欺凌。
- 如果听说孩子被别人欺负,一定要认真对待,鼓励孩子说出来。
- 将所知道的欺凌事件报告给学校。记录下来谁受伤了、如何受伤以及和谁沟通过。
- 如果孩子遭受霸凌已有一段时间,应该让孩子接受心理咨询。通常情况下,那些自信的孩子不会被欺凌。被欺凌的孩子通常具有某些心理特质,比如被动、敏感、对人挑剔,或者自我价值感低、害羞。
- 若霸凌事件无法解决,可以让孩子转学,并且培训孩子的交友技能。
- 并非只是受欺凌者应该受到关注,欺凌者也应该受到关注。霸凌本来是儿童或者青少年的一种偏差行为,这种行为并不正常,往往欺凌别人的孩子也面临一系列心理和情绪问题,甚至人格问题,如果成人只是用"他们是孩子"来解释欺凌者的行为,就会错失很多干预的机会。

有专家建议,改变那些没有遭受欺凌却旁观欺凌的孩子的态度,会在很大程度上减少欺凌事件。欺凌者喜欢有观众,旁观者对这种行为的忍受会使欺凌者更加肆无忌惮。学校可以给孩子训练"角色扮演",帮孩子认识到哪些行为是欺凌行为,并且可以做些什么。有时,一个旁观的孩子只需要简单说一句"你这样做不好吧",就可能阻止一次欺凌行为。

04 为什么亲子专家的抚养方式对你的孩子没效，还可能带来伤害

父母的教育理念常常不一致

我在飞机上遇到过一对年轻的中国夫妇，带着一个小男孩。坐下以后，小男孩一直玩着iPad，空姐来提醒关闭电子设备时，孩子没听到，完全沉浸在游戏中。孩子的父母大概各自也在忙着收拾身边的物品，没有注意到孩子，直到飞机快要起飞的时候，空姐专门走到孩子座位上，提醒他关上iPad。

孩子的母亲大概觉得有点儿丢人，一下子就对孩子发起脾气来，说："刚才上飞机时就叫你不要玩游戏了，一路上都在玩，说了多少次也不听。快关了！"

听到妈妈这么生气地指责自己，孩子的脾气也上来了，就是不关iPad，还扑倒在旁边爸爸的怀里。妈妈看见孩子这样，又急又气，一把夺过孩子手上的iPad，还在孩子身上打了两下，孩子"哇"的一声哭了起来。

孩子的母亲气得脸都红了，对着旁边的丈夫吼道："你还不管管他，什么规矩都不懂！"

孩子的爸爸说："小孩子嘛，懂什么？"

"小孩子就要教他守规矩。我原来就说不要这么早给他买iPad，你却惯

着他，你看看他现在肆无忌惮的样子！”妈妈还在抱怨爸爸，孩子哭了几声，声音渐渐小了下去。

“那不是因为他过生日吗？周围的孩子都有，难道不给他买吗？又不是买不起。”爸爸嘟嘟囔囔地说。

这对夫妻又相互抱怨了一段时间才消停下来。

通过这对夫妻简短的对话和孩子的反应，大概能够看出来他们在孩子抚养方式上的分歧——似乎母亲倾向于严厉教育孩子，而父亲则比较随意，尽量满足孩子的要求。

我周围也有很多朋友，时不时会因为教育孩子的方式不同而发生争执，而每个人手里都握着某个专家的“理论”，相互之间在抚养孩子上较劲儿。就像一部电视连续剧《虎妈猫爸》中的父母，对于孩子的教育完全持不同观点，到底谁对谁错呢？

不久前，有个朋友感叹：现在专家的抚育方式好像都不一样，父母学得越多越迷糊。如果连父母都迷糊了，在抚养孩子的过程中不仅不能达成一致意见，还充满冲突，这样学得越多，对孩子的伤害反而越大。

那么，教育孩子到底该听谁的呢？在回答这个问题之前，我想先谈一谈为什么会形成对孩子抚养理念千差万别的现象。

为什么教育孩子的方式千差万别

教育本来就是一个很复杂的领域，几乎每一个人都可以对此领域的问题发表看法，也能通过自己的经验总结出某些理论，人人都可以说自己是一个业余的教育专家，他们会根据自己的所见去认同某些理论或否认某些理论。

有一个叫作“跨文化抚养方式”的项目（简称“PAC”项目），是横跨9国的纵向研究项目，从成立至今已经持续了7年。该项目由20位来自世界各地的心理学专家构成。“PAC”项目研究生理、文化和家庭是如何影响儿童的发展、自我管理和冒险行为的。这个项目调查的国家包括中国、哥伦比亚、意大利、约旦、肯尼亚、菲律宾、瑞士、泰国和美国共9个国家。

通过对发达国家和发展中国家抚养方式的研究，该项目的专家发现，有两个因素使得发展中国家的抚养方式变得复杂起来。

第一个因素是“全球化”的影响。全球化使得孩子们更容易受到别国文化的影响，不管是通过亲身接触还是通过社交媒体，这种文化的交融使孩子和父母都感到困惑。父母成长的时期，他们受到全球化影响的程度远不如自己孩子受到的影响大，这种影响本身就会造成父母与孩子之间的冲突。

第二个因素是发展中国家的父母更加急于学习发达国家的抚养方式，但在学习的过程中会忽略掉自己文化和环境的特点，导致这些理论和方法很难适用于自己生存的社会。如果父母教给孩子完全矛盾的价值观，就会让孩子感到无所适从。

根据孩子的气质特点来抚养孩子

除了发现导致发展中国家的教育变得复杂的因素之外，“PAC”项目还发现一种对孩子绝对好的抚养方式，即让孩子感受到父母的温暖和爱。父母对孩子的温暖、爱和接纳，对任何一种文化的孩子都是有好处的，所有孩子都能从感觉到父母的爱和接纳中获益。

然而，父母如何表达对孩子的接纳和爱，在不同文化中差异较大。在有些文化中，父母会用肢体语言表达爱，比如他们会拥抱、亲吻自己的孩子；而在另一些文化中，爱的表示并不明显，父母可能会用一顿特别的晚餐来展示自己对孩子的爱。这些父母很少对孩子说“我爱你”，但他们的行动却可以让孩子感到被爱。

还有一些抚养方式，在一种文化中效果较好，但在另一种文化中却可能有完全不同的效果。比如，父母对孩子的控制，在不同文化中效果不同。在肯尼亚，那些严厉要求孩子遵守规则的父母，通常是最有爱的父母，孩子会在他们的严格管教下健康成长；但在欧美，最温暖、最有爱的父母，通常是给孩子提供更多宽松环境、较少给孩子设置规则的父母。在菲律宾或者泰国，孩子即便在成年以后还会向父母请教意见，而这些地方的人也希望一生都可以为自己的原生家庭提供诸如金钱等方面的支持。但是在欧美国家，家庭成员之间的义务则比较少。在那些家庭成员间义务更多的国家，父母越强调规则，孩子越容易健康成长，如果父母给予孩子宽松的环境，孩子反而更容易抑郁、焦虑，甚至出现行为问题。

因此，世界上并没有所谓“最正确”或“最先进”的教育理念，即便是发达国家，也可能会向发展中国家学习抚养孩子的经验。

中国的情况相对来说更加复杂，因为中国的很多地区经济发展并不平衡，开放程度以及对外来文化的接受程度也不尽相同。那么，中国的父母该不该去了解发达国家的教育理念呢？该不该学习教育专家的课程、理论和方法呢？我认为，还是应该去了解，但是有一个前提——父母应该在充分了解自己孩子的前提下，去学习和运用这些抚养方法。

我们常说，每个孩子都是独一无二的，都是特别的，父母要因材施教，但是现在很多教育方式都是用一种“标准化”的方式去培养孩子。当父母想采用某一种教育方式的时候，是否充分了解过自己的孩子到底是什么样的人，是否适合使用这种教育方式?

每个人都有自己的先天气质，如果用花朵来比喻，有些孩子是蔷薇，有些孩子是茉莉，有些孩子是百合，还有些孩子是玫瑰。刚出生的时候，他们在父母面前就像一颗尚未发芽的种子，父母很难判断他们到底是哪一种花。但通过日复一日与孩子的接触，父母就会渐渐明白自己孩子的个性、特点，如果顺应孩子的气质特点去抚养他们，美丽的花朵终将绽放。

如果父母并不能准确鉴别自己的孩子是哪一种花，又认为玫瑰花比茉莉花好，总想用培养玫瑰花的方式来培养茉莉花，结果孩子不仅成不了玫瑰，他自己本来的生命也因为错误的培养而失去了充分绽放的可能。最常见的错误，就是有些父母总想将自己“内向的”孩子变成“外向的”孩子。

但有时，孩子可能会出现一些让父母困惑的行为，或者有时候父母并不能准确判断自己的孩子到底是什么气质特点，此时可以借助一些专业的心理测评来判断。无论给父母们介绍多少种欧美最新的理论研究，如果在不了解自己孩子特点的前提下运用这些方法，始终存在不适用的风险。

05 如何将隔辈育儿的不良影响降到最低

祖辈抚养的孩子整体情况不如父母亲自抚养的孩子好

中国目前由爷爷奶奶或外公外婆抚养，或者与父母共同抚养的孩子越来越多。那么，孩子由祖父母抚养到底好不好呢？这个问题一直困扰着很多父母。

密歇根大学教授菲考斯卡（Pilkauskas）和康奈尔大学教授丹尔丰（Dunifon）共同发表了一篇论文，研究称，即便祖父母的各种条件（包括经济条件、教育背景、婚姻状况等）比孩子的亲生父母更好，或者他们的抚养风格与孩子的母亲抚养风格相似，完全由祖父母抚养长大的孩子，学业上的平均表现也会更差，社交问题和情绪问题也比由父母亲自抚养的孩子更多。

尽管祖父母对孩子的养育方式，和他们当时抚养自己孩子的方式差不多，但是孙辈的整体情况都比他们自己的孩子（即孩子的父母）情况糟糕。这些孩子的老师也表示，他们在文科和数学上的表现较差，孩子的行为问题也更多，更容易发怒、叛逆、悲伤或缺乏爱心。

由祖父母抚养长大的孩子，在身体健康方面和由父母抚养长大的孩子并无显著差异，但是前者的注意力缺乏障碍和多动症的比例却比后者高出大约10%。

为什么会出现这种情况呢？研究者解释说，或许父母不能抚养孩子这个事实，对孩子来说是一个生命早期阶段的创伤，这和创伤非常难以修复。父母不能抚养孩子这一事实，对孩子的祖父母来说也可能是一个创伤事件。在之后的人生中，孩子要一直和这些带有创伤的抚养者生活，这势必会对孩子的成长产生不良的影响。

祖父母如何才能更好地抚养孩子

如果父母有条件直接抚养自己的孩子，希望父母能承担起自己的责任，不要将抚养孩子的责任推给自己的父母。但在很多情况下，祖父母不得不承担起照顾孙辈的责任，比如孩子的父母无力抚养、已经去世，或者由于婚姻矛盾与孩子渐渐疏远，或者有些祖父母发现自己的孩子就像没有长大一样，无法承担起照顾下一代的责任，只能由他们来承担。总之，不管出于什么原因，在某些情况下，祖父母必须承担起照顾孙辈的责任。

既然这个事实无法改变，是否有什么办法能减少祖父母抚养孩子的消极影响呢？这里有一些建议，希望能给孩子的爷爷奶奶或外公外婆提供一些帮助。

清楚地知道自己在抚养孙辈时的感受

祖父母在抚养孙辈时会引发很多情感。看到孩子的时候，他们会感觉自己对孩子充满无限的爱意，尤其是看着孙子、孙女健康成长的时候，祖父母都会觉得很开心。但是他们在这个过程中，也会有一些负面的情绪，比如：

- 压力和担心——可能对自己照顾孩子感到很有压力，担心万一自己发生不测，孩子怎么办。
- 愤怒或怨恨——对孩子的父母产生怨气，因为他们把照顾孩子的责任留给了自己；或许还会因为看到朋友们都在享受退休后快乐的生活，自己却要照顾孩子而感到生气。
- 内疚——因为没把孙辈的父母培养成合格的父母而感到内疚和自责，甚至悔恨自己没有尽到父母的责任，才使得自己的孩子无法照顾好下一代。
- 遗憾——照顾孙辈会使自己失去自由，也让自己失去单纯做祖父母的乐趣，这些损失会使人觉得遗憾。

当祖父母在抚养孩子过程中被这些情绪包围的时候，请记住：你年轻的时候可能没有资源、没有智慧也没有经验好好抚养孩子，但现在情况不一样了，你能从过去的经验中吸取教训，丰富的人生经验能够使你抚养孩子时比年轻的父母更加得心应手，不要低估自己的能力。

◆ 照顾好自己

一个精力充沛的年轻人照顾孩子的时候尚且会感到力不从心，更何况是老人？如果祖父母在照顾孩子的时候感到负面情绪很多，或感到精疲力竭、情绪失控，就需要稍微放一放肩上的担子，先好好照顾自己。必要的时候要寻求帮助，包括寻求更多亲人和朋友的支持，甚至进行心理咨询。只有当自己心理和健康状况良好的时候，才可能给孩子提供一个健康的成长环境。

◆ 给孩子一段时间去适应新的生活

给孙辈一些时间来适应和你一起生活的环境。当孩子进入新的环境，并且还要处理自己与父母失去连接的状况，他们也很难尽快适应。他们的感受可能会比较负面，会有对未来的不确定感，甚至有被抛弃、受到伤害的感觉，从而表现出叛逆的行为。不过，这些感觉和行为都会在一个充满安全感的环境中慢慢平复下去。所以，祖父母需要给他们缓冲的时间。不管孩子有什么样的行为，他们都需要祖父母的安慰和支持。

◆ 与孩子之间的交流要开诚布公

祖父母要鼓励孩子和你坦诚地沟通想法和感受。当孩子向你提问，而你无法回答的时候，就告诉他们你不知道。比如，孩子可能会问你，爸爸妈妈什么时候才会来接他。如果你无法回答，就说你不知道。总之，没必要欺骗孩子。

你该告诉孩子多少呢？当你向孩子描述或解释问题时，一定要考虑他们的年龄，考虑他们是否能够理解你传递给他的信息。不要告诉孩子太多。很多孩子由于年龄太小而无法理解是什么造成了目前这种情况，在这个年龄阶段，对他们说太多弊大于利。太多的信息会对孩子造成干扰，让他们更迷惑、更害怕，甚至会让他们产生痛苦。

但也不要什么都不说。孩子其实很聪明，他们会从自己目前的生活状况中搜集信息，如果是从别人那里听到事情的真相，他们会感到更受伤、被欺骗，甚至更困惑。他们将再也不敢和你沟通，因为他们会认为那些事情是你的禁忌。

不要告诉孩子扭曲的事实，也别欺骗孩子。即便是很小的孩子，也知道真相和谎言的区别，他们能够从一点一点的信息中拼出真相。最好的策略就是，根据孩子的年龄告诉他应该知道的事情，实事求是。这样，他们也能学会在一段关系中如何做到诚实可靠。

◆ 鼓励孩子和自己的父母联系

孩子和自己的父母保持沟通，对他们的成长有很大的好处，即便孩子不能经常见到自己的父母，也应该鼓励他们用别的方式与父母保持沟通。

值得欣慰的是，被祖父母抚养长大的孩子，会和祖父母的关系更加亲近。很多孩子能和祖父母发展出很好的关系，并且很感激祖父母给予他们的爱和支持。这些孩子不仅爱自己的祖父母，还对祖父母抚养自己充满感激之情，以及对他们更加敬重。

06 表扬不当，可能会让孩子表现更差

如果“仲永”接受现代教育，最终会成才吗

王安石写过一篇流传千古的文章《伤仲永》。文章描写了一个天赋极高的孩子，他家里世代以种田为业，他在5岁时忽然哭着向父亲要文具。父亲从邻居家借了一些文具给他，他拿到文具就写了4句诗，还题上了自己的名字方仲永。从此以后，只要有人指定事物叫他写诗，他就能立刻完成，诗的文采和道理还都有值得欣赏的地方。后来，有人用钱财和礼物求仲永写诗，他的父亲觉得有利可图，每天牵着仲永四处拜访同县的人，而不让他学习。仲永十二三岁的时候，写的诗已经不能与小时候写的诗相提并论了，再后来，他变得和普通人没什么差别了。王安石认为，仲永的才能之所以没有持续下去，是因为他没有继续学习。

那么，如果仲永生在当代，并且一直接受现代教育，他的才能可以持续吗？我也觉得非常值得怀疑。为什么呢？

有研究发现，某些表扬不仅不能提高孩子的自我价值感，还可能造成

负面效果，尤其是对那些自我价值感本来就低的孩子，不当的表扬可能会阻碍他们学习，阻止他们向更困难的目标挑战。

什么样的表扬会使得孩子表现更差

有两种表扬会有反面的效果。一种是对于孩子固有特质的表扬，比如孩子的外貌、智商等。有些父母很喜欢称赞女孩“你好漂亮”“你很美”，或者当孩子完成一项任务时，父母会表扬孩子“你太聪明了”“你是个天才”等，这些都是关于个人特质的表扬。

还有一种是夸张的表扬。当孩子完成一个任务，或者想出一个解决问题的办法，父母会给予孩子言过其实的赞扬，比如“你简直就是专家”“你是全世界最棒的”等。

海姆·吉诺特是一位临床心理学家、儿童治疗专家，他在一本书中记录过这样一个案例：一个12岁的小女孩正在玩游戏，刚玩到第三关，爸爸对她说：“你太棒了！你配合得真好！你是个专业级玩家了！”可爸爸刚说完，小女孩突然不想玩了。她说：“爸爸觉得我是个很棒的玩家，但我能玩到第三关是因为运气好。如果光靠我的努力，我可能连第二关都过不了。所以，我最好还是别玩了。”父亲的表扬不仅没有鼓励孩子继续挑战更困难的任务，还让她难以坚持下去，因为如果继续下去，她的压力会很大，如果她不能够表现得像个“专业玩家”，她会觉得配不上爸爸的评价。

成年人总是想通过表扬提高孩子的自我价值感，让孩子对自己感觉好。这样的表扬短期效果可能挺好，因为听到这种表扬的孩子，第一反应很可能是开心、微笑，身板挺直，显得自信满满。这种正面的反馈对成年人来说是一种奖励，所以他们很喜欢对孩子采用这样的表扬方式。可长期来看，这种表扬方式却可能对孩子产生负面的效果，在孩子面对挫折和困难的时候，这种表扬会让他们的表现大打折扣。

斯坦福大学和剑桥大学的研究都显示，孩子在接受对他们个人特质的表扬之后，对自己的感觉会更差。而那些得到夸张评价的孩子，更不可能挑战困难的任务。剑桥大学的研究还显示，夸张表扬的负面效果只发生在自我价值低的孩子身上，自我价值高的孩子能够被夸张的表扬所鼓励，接受更高的挑战。

为什么表扬个人特质和夸张的表扬对那些低自尊的孩子有负面的效果？一种解释是，低自尊感的孩子觉得自己没办法不断达到被表扬的水平，当他们经历任务失败时，就会推断自己没有价值，觉得自己辜负了那些表扬他们的人。为了保持自己的自尊感，也为了不辜负表扬他们的人，他们要么转向低难度的任务，要么放弃当前的任务。这种感觉会阻碍他们去解决本来打算解决的问题，或者学习更多的知识，也会使他们错过从失败与挫折中学习的机会，导致整个人生都碌碌无为。

回到开头的问题，如果仲永生在当代，并且能够一直接受现代教育，他的才能可以持续吗？我觉得也不太可能。也许仲永才能的消失，除了因为没有继续学习之外，周围成年人对他的表扬也给了他很大的压力，他很可能会回避学习中的挫折，不愿意挑战更高难度的任务。

怎么表扬孩子才恰当

正确的方法是，不要表扬孩子不可能改变的特质，尽量不用“你很美”“你很聪明”等话语来表扬孩子，而是表扬他们为完成目标所采用的策略和努力。比如，如果孩子的数学考了高分，父母应该表扬孩子学习努力，因为他花费了那么多精力才取得这样的成绩。这样的表扬可以让孩子将焦点放在他们的行动上，引导他们向更高难度的任务挑战。此外，对孩子的表扬也不宜太夸张，这样孩子才不会因为要表现得“很棒”而有压力。

除此以外，对于自我价值感低的孩子，父母除了恰当的表扬，还应该思考：为什么孩子的自我价值感低？近期有一些研究表明，缺乏来自父母的温暖和爱意，可能会使孩子自我价值感变低。这些孩子最需要的不是表扬，而是良好的家庭关系。父母应该花更多的时间陪伴孩子，对他们所做的事情表现出更多的兴趣，让孩子知道他们值得父母这么多的关注和陪伴。父母应该向孩子传递一个信息：不管他们有没有成功做成某件事，有没有取得成绩，他们本身都是有价值的。

07 延迟满足——法国父母教养孩子的“法宝”

帕米拉·德鲁克曼（Pamela Druckerma）是一位美国作家，现居住在法国巴黎。在法国期间，她发现法国父母的育儿方式有很多值得借鉴的地方，于是她根据自己的观察和了解，创作了*Bringing UP Bébé：One American Mother Discovers the Wisdom of French Parenting*（中文简体版书名为《法国妈妈育儿经》）一书，下面分享她的一篇关于法国父母教养孩子的文章，希望对父母们有所启发。

为什么法国人的孩子显得更有教养

我女儿Bean18个月大的时候，我和丈夫决定带她一起去海边度假。我们选择了一个离巴黎不远的海边小镇。那时我们还只有一个孩子，我们想，带着她能有多难？

我们早上在酒店吃饭，计划中午和晚上去镇上的餐厅吃饭。但很快我们就发现，带着一个婴儿在外面吃饭简直是个灾难。Bean对等待上餐很没有耐心，她抓起餐桌上的盐罐，把盐撒得到处都是。当我们刚把盐罐从她手里拿走，她又抓起糖包撕起来。不久，趁我和她爸爸吃饭顾不上这么多的时候，她在婴儿椅上挣扎、吵闹，一刻也不安宁。

我们不得不改变策略——赶快吃完饭走人。我们催着服务员把所有的菜一起上，我和丈夫轮流吃，他吃饭的时候，我照看Bean，他吃完再换我吃。走的时候，我们给服务员留下了很多小费，以示歉意，因为Bean把餐巾和台布都撕坏了。

带着Bean在餐厅吃了几次饭以后，我简直痛苦极了。但是我注意到，那些带着孩子在餐厅吃饭的法国人，根本不像我们这么狼狈。他们的宝宝乖乖地坐在婴儿椅上等餐，或者乖乖地吃饭。没有尖叫，没有哭泣，更没有饭后的一片狼藉。

我曾在法国生活过几年，我发现法国人的孩子不仅在餐厅表现良好，在其他地方也不会乱发脾气。我的法国朋友们从来不会因为孩子在旁边吵着要什么东西而匆匆忙忙挂上电话，他们的房间也不会被孩子的杂物或玩具搞得一团糟。

如果美国朋友带着孩子来我家玩，他们要么会和孩子有些争执或训斥孩子，要么围着自己的宝宝转。法国的朋友却不这样，他们在一旁喝咖啡，孩子们在房间里自己玩。

为什么法国的孩子行为得体？为什么法国的父母不吼孩子？我能不能把自己的孩子也教成那样？在这次糟糕的度假后，我决定向我的法国朋友们请教。

通过几年的观察和采访我发现，法国父母和其他国家的父母一样热衷于孩子的培养，他们带孩子去户外，给孩子读很多故事书。他们也带孩子参加很多课外活动——网球、绘画、参观自然博物馆等。不过，法国父母会重点教育孩子一种行为——让他们学习等待。

法国孩子吃饭很有规律，一日三餐按时吃，大概下午4:00会吃些零食。而美国孩子好像一整天都在吃零食，所以当吃饭的时候，他们很难安安静静地等待。

一个周六，我去拜访一个巴黎老友，她是一个律师，30多岁。我到她家的时候，她丈夫正在用手提电脑工作。他们3岁大的女儿正坐在餐桌边，注意力完全被桌子上的一袋纸包蛋糕吸引了。我看得出来，她极力在抵抗蛋糕对自己的诱惑，但她并没有吵着要吃。

朋友告诉我，他们从不会刻意教孩子怎样学会耐心等待，但是他们家所有的准则都意味着“等待是一个良好的行为”。他们也会给孩子买糖果吃，但是孩子们只被允许在专门的茶点时间才能吃糖，这意味着他们每天都要等很久才能吃到糖。

当我和朋友聊天时，她3岁的女儿想打断我们，她对女儿说：“小可爱，等我们一会儿好吗？妈妈在和阿姨聊天。”她的语气温柔又坚定，我简直被她震撼到了。如果我的孩子想叫我做什么，我要么只有满足他，要么就要训斥他，而她却不用。我突然意识到，她在用这样的方式教孩子——让孩子学会自己玩，而这也是法国妈妈重点培养孩子的一项能力。

一项调查美国父母和法国父母抚养理念的研究显示，美国妈妈认为鼓励孩子自己玩只是中度重要，而法国妈妈却认为它非常重要。

法国父母教养孩子的“法宝”是什么

沃尔特·米歇尔是哥伦比亚大学心理学教授，1982年获得美国心理学会颁发的“杰出科学贡献奖”。20世纪60年代，他曾在斯坦福大学做过一个著名的心理学实验——棉花糖实验。

实验对象是一群4～5岁的孩子。研究人员把孩子们带进一个房间，房间里有一张桌子，桌子上放着一些棉花糖。研究人员告诉孩子，自己有事情要离开一会儿，如果他们回来的时候，没有吃掉棉花糖的孩子，就可以得到两颗棉花糖作为奖励；如果吃掉了棉花糖，则得不到奖励。结果大多数孩子只能坚持30秒。有1/3的孩子坚持了15分钟，直到研究员回来。

为什么有些孩子能坚持那么久，而大多数孩子却不行呢？米歇尔通过现场录像发现，那些坚持到研究员回来的孩子，可以找到别的事情做，能够转移自己在棉花糖上的注意力。

这是一个跟踪实验，20年后，米歇尔和他的同事们又采访了当年参与实验的孩子，此时他们已经成年。通过采访米歇尔发现，那些能够抵抗棉花糖诱惑的孩子，在集中注意力和推理能力上面的表现比别的孩子更好，在压力情景中也不那么容易崩溃。他们的SAT（美国的大学入学考试，类似中国的高考）考试分数更高，身材更苗条，能获得更高的学位。如今，这些孩子已经50多岁了，米歇尔的跟踪调查还在进行——他想知道他们今后是否会变得更加富有。

米歇尔的实验结果和法国父母的养育方式不谋而合，法国父母教孩子学会“延迟满足”，并且让他们学会自己玩，也就是找一些事情来转移注意力。

延迟满足能够提高孩子的自控能力

能够延迟满足，是一项自我控制的能力。当我们成年以后，每天可能都会面对自我控制的问题——

我应该早点儿睡觉，但是我还想再看看手机；

我应该多做点儿运动，但是我今天太累了；

我应该少吃点儿甜食，但是我抵挡不住甜品的诱惑；

我应该多看点儿书，但是我好想玩游戏；

……

成年人每天都面对很多选择和诱惑，他们需要在延迟满足和及时满足之间做出选择。你知道，你这样做才能在未来获得满足，而如果不这样做，你会及时得到快乐。大多数人都会像实验中吃掉棉花糖的孩子一样，选择及时满足。

人的大脑有两个区域：一个是大脑边缘系统，它要求人们获得及时满足；另一个是前额皮质，它帮助人们设定目标，计划达成目标的方式。一个人的大脑究竟是边缘系统做主，让情绪主宰他的行为，还是前额皮质做主，能够控制情绪，让生活更有计划性，这主要取决于后天的训练。

如果父母能在孩子小的时候，就训练他们“延迟满足”的能力，他们的自控能力就会提高。他们的学习和生活也将更有规划，不会被眼前即刻的快乐所吸引。在学校你会发现，有些孩子下课后立即冲出教室去玩耍，而有些则能安静地坐着写作业。

训练延迟满足的方法之一，就是让孩子学会分散注意力，找一些其他的方式将自己的注意力从一件事情转移到另一件事情上。如果仅仅是用意志力去克制，未必有效。就像让你不要去想“房间里有一头大象”，你反而会想得更多一样。

分散注意力这一方法同样适用于成年人，当你想刷手机的时候，就果断关机；想吃甜食的时候，可以思考一下脂肪是怎样形成的；想多做点儿运动，就离床和沙发远一些。

“如果你改变了自己的思维方式，它就会影响到你的感觉，从而产生一些改变。”米歇尔说，“你不必成为自己情绪的受害者。”

08 如何缓解孩子的焦虑情绪

常见的5种焦虑类型

孩子的焦虑一般有以下5种情况。

- 第一种：广泛性焦虑。这种焦虑的孩子对生活中的很多事情都担心，比如他的成绩、家庭中的问题、和同伴的关系、自己的各种表现等。
- 第二种：分离性焦虑。指孩子在18个月～3岁期间出现的分离焦虑，是一种常见的现象。但如果孩子已经比较大，还是难以冷静地面对与某个家庭成员的分别，这时的分离焦虑就需要父母注意。有分离焦虑的孩子总担心不好的事情会在自己与父母分开的时候发生在父母身上。
- 第三种：社交恐惧。有社交恐惧的孩子，不愿意进入社交场合，他们和同伴聊天时都会感觉恐惧、害羞、难堪。社交恐惧会严重影响孩子在学校的表现，他可能长期默默无闻，没有存在感。
- 第四种：选择性缄默。选择性缄默的孩子会在别人期待他回答或开口讲话的时候，将头偏向一边，避免眼神接触，面无表情，抚弄自己的头发，或者退缩到角落里。这些孩子在家里可能表现得很正常，在学校却一言不发。这种情况常常发生在刚入学的孩子身上。

- 第五种：强迫症状。如果孩子出现某些毫无意义的仪式化行为，比如不停地数砖头或者窗户，并且他们认为“如果我不能数到100块砖（或窗户），我的数学考试就会不及格”，孩子可能是在用这种“仪式化的行为”减轻自己内心的焦虑。如果这种仪式化的行为一直持续，并且越来越严重，家长需要考虑是否患有强迫症，应该带孩子尽快就医。

如何沟通，才能缓解孩子的焦虑情绪

对于焦虑的孩子，父母应该尽量避免说以下10句话。换一种方式和孩子沟通，会帮助他们更快走出焦虑状态。

- 不要对孩子说：“快点！”

焦虑的孩子最需要的是父母的耐心。尝试将生活节奏放慢，慢节奏对焦虑的孩子有很多好处。父母可以说：“我们今天都按照你的节奏行动，不用着急。”

- 不要对孩子说：“说‘对不起’！”

如果父母过度逼迫没有准备好道歉的孩子说“对不起”，可能会增加孩子的羞愧感，从而加重孩子的焦虑。

在纠正孩子行为时，父母要明确自己的目标是“让孩子做正确的事”，而不是让他们“害怕被惩罚”。当孩子行为不恰当的时候，父母可以说：“你这种行为是不对的，因为可能会（造成某种不好的后果，比如会伤害到别的小朋友）……”

带着孩子参加社交活动时，不要对孩子说：“你怎么就不能大方一点儿呢？”

有些孩子在人多的场合会特别不自在，父母的指责会让他们更加难堪，难堪的感觉只会使他们更加害羞。对于害羞的孩子，父母可以让他们先用一些简单的方式和别人打招呼，比如先对别人笑一笑，或者挥挥手。父母可以说：“对大家挥挥手，好吗？”

◆ 不要对孩子说：“没什么好害怕的。”

不要随便无视和贬损孩子的恐惧感，这是他们的真实体验。如果父母不允许孩子表达他们的恐惧，只会让他们更加焦虑。父母可以问孩子：“告诉我，你在害怕什么？”

◆ 不要对孩子说：“没事的。”

很多父母都会说这3个字，但这却是一句缺乏共情的话。父母可以对孩子说：“我能帮你什么吗？”当你感觉到孩子在担心的时候，这样的问话可以让孩子知道你注意到了他的担忧，而且愿意给他提供帮助。当知道父母会帮助自己的时候，焦虑的孩子就会多一些控制感。

◆ 不要对孩子说：“你怎么又做这种事？”

这句话不仅会让孩子感觉到被指责，还让他知道父母仍然记得他过去的错误。

父母纠正孩子错误的时候，需要非常耐心，温和的话语不仅能够促进父母和孩子的关系，也更容易让孩子为自己的错误承担责任。父母可以这么说：“我们先把这件事放一边，看看还有没有其他的办法。”

◆ 不要对孩子说：“你真棒！”

对于焦虑的孩子，这样的赞美会使他压力更大，他可能会因为担心下一次无法达到现在的成绩，而不再参与某个活动。

父母可以这么说：“当你（做某件事情的时候），我觉得你（表现出了某种品质，比如很努力）。”比如，“你这次考试成绩这么好，我觉得是因为你这段时间学习特别努力”。对孩子的赞美越具体，他们越容易发现自己的优点。

◆ 不要对孩子说：“你再这么做，警察叔叔就要来抓你。”

常常用警察吓唬焦虑的孩子，会使得他未来对权威越来越恐惧。

当孩子出现父母不愿看到的行为时，父母可以这么说：“你现在有两个选择，如果你（做出某种好的行为），我们就可以（出现孩子希望的结果）；如果你做不到，那我们只能（出现孩子不希望的结果）。”比如，“如果你不到处乱跑，我们就可以继续在商场里玩；如果你还乱跑，我们只好现在就回家”。

父母这样和孩子讲话，才是真正教给孩子一种现实的、合乎逻辑的因果关系，让孩子知道他们不同的行为会导致什么结果，而不是“被警察抓走”。如果你能说到做到，孩子也会知道父母是言出必行的人。

◆ 不要对孩子说：“你怎么就不能像（孩子的同学或者兄弟姐妹）一样呢？”

很多父母都喜欢拿自己的孩子与别的孩子做比较，这样的做法只会使焦虑的孩子更加焦虑。当父母频繁给孩子施加来自同伴的压力，孩子会对自己的能力越来越缺乏自信。

父母应该尽量发现自己孩子的优点，少拿自己的孩子跟别人做比较。

◆ 不要对孩子说："别问我，问你爸（问你妈）。"

焦虑的孩子往往比较敏感，他们更容易从父母的言谈中觉察出父母的关系，当孩子成为父母沟通的"渠道"时，孩子更容易感觉到父母婚姻中的紧张关系和冲突，这种情况下孩子很难建立起安全感。

父母可以这么跟孩子说："我们和爸爸（妈妈）商量一下吧。"这样的对话向孩子展示出一种开放的沟通态度，也能让孩子感觉到父母之间是一种和谐、协作的关系。

对于焦虑的孩子，父母友善的态度以及鼓励性的话语，能够给予他们很多安心的力量。

09 这样对孩子说“不”最有效

父母对孩子说“不”，是一件不容易的事情。

当孩子无休止地吵着要吃糖或者要一个玩具时，如果不满足他，他很可能在大庭广众之下大吵大闹，这时你该怎么办？即便他不吵闹，你看见他失望难过的样子，也很难不动恻隐之心。

满足孩子的要求比拒绝他们容易得多，看见孩子开心，你的心里也会舒服很多。但一次次地满足孩子的各种需求，会不会惯坏他？当然会，但惯坏他还不是最糟的事情。在一次次满足孩子需求的过程中，你也剥夺了孩子成长的机会。一个人若要成熟，就需要学习如何面对挑战，学习处理挫折后的情绪。在你满足孩子一次次需求的同时，也阻止了孩子的思考和感受，剥夺了他学习感恩和共情以及处理挫折后情绪的机会。

孩子在成长过程中，最重要的学习之一就是学会管理情绪。当他们不知道或者不能理解父母对自己的期待时，可能会受到巨大的挫折，从而让他们产生愤怒。

有一位母亲，非常宠爱自己的儿子，在孩子入学前，她对孩子几乎有求必应，给他买他想要的一切东西。孩子进入学校以后，看到同学拥有而自己没有的东西就吵着要买，母亲拒绝了他，他在街上差点儿哭晕过去。

这位母亲没有办法，只好按照孩子的要求做。之后这个方法屡试不爽，直到孩子渐渐长大，那位可怜的母亲已经满足不了他的要求了。

如果孩子能在小的时候就知道自己什么行为是恰当的，什么要求是合理的，当他们渐渐成长起来之后，对父母和孩子来说都是件好事情。

家长对孩子说“不”，需要做到以下几点。

◆ 设置清晰的界限

父母可以为孩子设置清晰的界限，帮助他们理解在不同的情况下，什么样的行为才是恰当的，父母对他们的期待是怎样的。比如，在公众场合吃饭时，恰当的行为是什么，和在家里有什么不一样；有客人到家里来的时候，应该怎么做；等等。

孩子的理解能力和记忆能力都有限，在他进入某个场景之前，可能已经忘记了父母告诉他的事情。所以，父母要接纳孩子有时会忘记的事实，需要反复告知孩子你对他的期待。

◆ 让孩子知道你“看到”了他的感受

心理学家布罗姆菲尔德博士说，对孩子来说，听到他们说了什么，看到他们的感受，了解他们的需求，并且对此做出回应，是最有力、最自然的激励。

所以，当孩子因为难过、愤怒、伤心而发脾气或者苦恼的时候，他其实希望你能够关注他。这时，你需要让他知道你正在关注他。你可以告诉他：“我知道你现在很难过，你得不到自己想要的，你有难过的权利。我可以在这里陪你。”

◆ 给孩子一个拒绝的理由

心理学大师皮亚杰将父母的养育方式分成了几种类型，他发现很多父母喜欢采用专制型的养育方式，即要求孩子绝对服从，却不解释原因。

如果父母总是对孩子说一些消极、贬损的话，孩子进入青春期以后，很可能会变得非常叛逆，对父母充满怨恨。如果你对孩子说“不”的时候，能够用尊重的态度给他一个解释，也给孩子表达自己观点和感受的权利，这时说“不”就不是消极的反应。当孩子明白为什么不能这么做时，就更容易遵守父母设定的规矩。

案例中那位可怜的母亲，完全可以在入学前告诉孩子：“你已经长大了，需要进入学校和别的孩子一起生活和学习，所以妈妈不会再随便给你买东西，不管你怎么吵闹，妈妈都不会给你买，除非必要的东西。”

如果孩子还是无休止地吵闹（第一次说“不”总是很难），母亲可以对孩子说：“我知道你没有这样东西感觉有些难过，也很生我的气，但我们说好进入学校以后就不能再随便给你买东西了。看到你难过的时候，我也觉得很难过，或许你可以给我讲讲你为什么一定要买这样东西。”

很多人推崇张柏芝的育儿方式，其实她也是用这种方式给孩子设立规矩。在一期《天天向上》里，张柏芝说，如果去玩具店让两个儿子挑选自己喜欢的玩具，她就会告诉他们每次只能买一个。她向孩子解释说，人生不可能得到所有的东西，你必须学会选择你最珍惜的东西，并且界限分明地告诉他们，妈妈说的“不”就是永远不可能改变。于是，两个孩子每次都很谨慎地挑选自己最喜爱的一个玩具带回家。

CHAPTER

9

青春期孩子的教养问题

由于大脑情绪系统在青春期阶段的活跃度超越了人生其他阶段，青春期的孩子会对身边给他设置规则的成年人有一种“预设敌意”。即便成年人的行为和言语本无恶意，青春期的孩子也会错误地解读自己获得的信息。

01 怎样和青春期的孩子相处

我曾犯过严重的错误，希望别的父母不要再犯

先来分享一位母亲讲述的真实的故事。

我儿子詹姆14岁的时候，常常把“无聊”两个字挂在嘴边。他的成绩越来越差，他说学校教的东西很无聊；他拒绝参加我们的家庭聚会，他说觉得无聊。每次听他说“无聊”两个字的时候，我就会吼他：“你觉得什么才不是‘无聊’？”

随着他的叛逆行为越来越多，我们之间的冲突也越来越严重，并渐渐变得难以沟通。我一直觉得他把无聊当成一种借口，以此逃避自己的责任。随着他渐渐长大，我发现我越来越难以控制他，他对我要么怒气冲冲，要么不理不睬。他交往的朋友也让我感到不安，老师时常向我报告他的劣行——打架、逃课甚至盗窃。从他14～18岁这4年，我们之间愉快的时光越来越少。

回想起来，其间他可能向我求助过，但是我错过了理解他的机会。有一天晚上，已经很晚了，他回到家里时，我看见他一副很落寞的样子。他突然对我说：“妈妈，老师说我是‘蠢货’，我这辈子就是个失败者。我

不知道自己该干什么。”

那时，我还在生他的气，说：“你不是觉得什么都很无聊吗？那你还能做什么？”

17岁那年，他辍学了。他告诉我，他不是那种能读书的人，他不打算进大学，不打算在办公室里工作，他说那样的人生太无聊了。他的朋友签约到纽约的一家模特公司，他也想去试试。那时，我对他已经失望透顶，虽然我觉得模特不是一个靠谱的职业，但既然他打算这样安排自己的人生，我也没有办法。

我要求他每周至少往家里打一次电话，可他常常忘记。他离开以后，只主动给我打过两次电话。有时我打给他，他也匆匆挂掉，因为我们之间实在无话可说，如果我关心一下他的生活，他就会说：“妈，你好唠叨啊。”

在他去世前一周，他突然给我打了一个电话，那几乎是我们分开这么长时间以来最久的一次谈话。他对我说，他感觉很迷茫，觉得自己好像没什么价值。他说，他有的时候很想回家自己开一个服装店。而我坚持认为，他应该把高中读完，最好能进大学，学一个男孩应该学的专业，而不是卖衣服。那是他第一次没有反驳我，只是笑着说了句：“妈妈，你完全不了解我。”后来他向我保证，圣诞节前一定回家，陪我过节。

之后，我们没再联系，直到接到警察局的电话我才知道，他醉驾出了车祸。他和另外一个男孩当场死亡，车上的一个女孩重伤，还有一个男孩轻伤。他们全部都是很年轻的模特。

詹姆的突然离世，让我开始反思我们这段母子关系。他曾经是一个非常可爱的小男孩，我仍然记得他蜷缩在我怀里撒娇的感觉，那仿佛就是昨天的事情。但他似乎突然就长大了，变得陌生，让人精疲力竭。我想知道，在他的成长中，我是否遗失或做错了什么，才让他远离我，并最终得到这样的结局。

我开始联系詹姆曾经的朋友，向他们了解詹姆在他们眼中是什么样的人。当我终于拼出一个完整的图像时，我才发现，我根本不了解自己的儿子——他有自己的梦想，但我却从未了解过，也根本不在意；他并没有看起来那么坚强，他用无所谓的态度去掩饰自己的脆弱。而我，仅仅看见了他在我面前伪装起来的样子。

在向詹姆的朋友了解他的时候，我也开始渐渐了解到这些青少年，尤其是那些十多岁就离开家做模特的孩子。他们大都过早放弃了学业，只身投奔进模特这个竞争残酷的行业。在这些小模特之间，流传着很多传奇的故事。比如，一个卖水果的女孩突然被发掘成超模，之后嫁入了皇室；那些本来默默无闻的孩子，突然被导演看中，演了一部电影，从此一鸣惊人……这些光鲜的故事却掩饰不了一个非常残酷的现实——大多数模特的职业生涯不会超过10年，而且绝大多数不可能成名，大概数万人中才可能出一个超模。这些年轻人的生活都不太规律，他们想象力丰富，若没有人引导，没有人告诉他们该怎样生活，很多人会在这个时期学会抽烟、酗酒甚至吸毒。

好莱坞影星安吉丽娜·朱莉的青春期，大概就是他们中很多人的样子——吸毒、泡吧，和同龄人厮混。但大多数人都不可能有朱莉那样的运气，最终成为世界级明星。绝大多数人都在这段时间浪费了自己的青春，最终一无所获。当他们成年以后，会发现自己根本没有积累什么资本。

怀着对詹姆深深的内疚，我加入了一个非营利性青少年心理辅导协会，专门帮助那些迷茫的青少年规划人生目标，鼓励那些辍学的孩子完成他们本该完成的学业。

我渐渐发现，当孩子进入青春期的时候，父母是多么容易对他们误会重重。如果更多的父母能够了解孩子在这个阶段的特点，对孩子顺利进入成年阶段将有很大的帮助。

若你知道青少年的大脑和身体变化，就不会再误会他们

0～3岁是大脑发展最快、变化最迅速的第一个阶段，青春期是大脑发育最快的第二个阶段。一个人经历过青春期以后，他的大脑不是在原来10岁的大脑上增加了几岁，而是完完全全获得了一个崭新的大脑！

这也是很多父母不能理解青少年的原因之一，当孩子进入青春期的时候，他们的父母可能已经远离这个阶段超过20年了。他们也许还记得一些事情，但是记忆已经模糊，他们成熟、稳定的大脑会将这个阶段的情感定义为“幼稚”“鲁莽”或者“冲动”，甚至想扮演一个高高在上的角色，努力纠正孩子的行为。

那么，青春期孩子的大脑是什么样的呢？

◆ 过度理性

在这个阶段，大脑额叶发育还不完全。大脑额叶是与智力密切相关的重要脑区，对人的思维活动与行为表现有十分突出的作用。所以，青少年解决问题的能力、洞察力、情绪管理能力、持续的注意力都不够完善。

加州大学神经学家西格尔博士发现，人在青春期会出现一种叫作“过度理性”的现象——大脑的评估中心会强调一段经历的正面部分，而忽略出现负面情况的后果。

打个比方，如果一个孩子在厕所悄悄抽烟，他被老师捉住的概率是10%。当一个人过度理性的时候，他会觉得10%是个很低的概率，如果其他

同学都敢这么做，他这么做也没问题。所以，青少年并非不知道采取某一行动的危险后果，他只是觉得这种后果出现的概率不高，从而选择忽略它。

詹姆的车祸就属于这种情况。他和朋友们可能时常醉驾，并没有出过严重的车祸。所以，他们认为醉驾出车祸的概率很小，于是不会去考虑这个后果。很多人会将青少年的行为看成冲动的结果，其实与冲动恰恰相反，他们是因为过度理性。

◆ 预设敌意

大脑情绪系统在青春期阶段的活跃度，也超越了人生其他阶段。曾经有一个实验，给成年人和青少年看同样一张人脸的照片，照片中的人其实面无表情。成年人并没有觉得照片里的人有善意或者恶意，但是很多青少年却说照片里的人不友善。

这个实验也说明了为什么青春期的孩子总是容易被激怒。在这个阶段，哪怕对孩子轻微的敌意，都可能会引起他强烈的对抗，因为他容易过度解读别人的情绪。所以，有时父母或者老师善意的、但态度不好的批评，就会引起他们的极端抵触。

◆ 引发快乐的神经激素水平降到最低

在青春期，一个人身体里的5-羟色胺和多巴胺水平降到最低。这两种神经激素都与兴奋度和快乐情绪有关，所以很多青少年在这个阶段都感觉不快乐和无聊。他们迫切想离开原来熟悉的环境，进入不熟悉、不确定甚至充满不安全因素的广阔世界中，冒险和刺激才能使他们获得快乐，消除无聊的感觉，而通过性、毒品、摇滚、小说、吃巧克力蛋糕、踢球、冒险等方式，可以刺激他们身体中多巴胺的分泌。

所以，很多青少年尝试那些在家长看来叛逆的行为，只不过是因为只有这么做，他们才能获得快乐的感觉。

怎样和青春期的孩子相处

◆ 身份、关系和未来

一个人在青春期最重要的目的是找到生命新的意义，寻找自己的身份。这也是青春期的孩子总有很多偶像的原因，这是他们寻找自己身份的过程。

粗暴的管教和禁止很可能会遭到孩子强烈的反抗。在这个阶段，父母最应该做的事情，就是帮助孩子建立起积极的社会关系。积极的社会关系是青少年疏导情绪最有效的方式。他们应该拥有自己的好友、导师以及具有支持力和能给予他们意见的父母。

此外，父母还应该引导他们思考未来，让他们具有更加广阔的视野，让他们聪明但混乱的大脑有一些先见之明；引导他们思考自己未来想成为什么样的人、从事什么职业，开始对未来有一定的规划。

◆ 解决冲突

当一个青少年对你反应过度或者对你态度不端正，没必要和他计较。如果你被他的态度所影响，被他激怒，和他吵架、批评他，就一定会让冲突升级，进而引发他出现吵架、打架、逃跑、退缩等行为。和孩子发生直接冲突，只会削弱你在他心中的权威地位。

要解决与青春期孩子的相处问题，西格尔教授介绍了一种“90秒方法”。当孩子和你发生冲突的时候，你需要等90秒——这段时间足够让激烈的情绪平息下去。然后，你对他说：“我觉得这里有点儿热。你能告诉我你的感觉吗？”脑部科学研究发现，当一个人描述自己感受的时候，脑部前额皮质就会被激活，这样人的情绪就会得到安抚。当一个人描述了自己的感觉后，愤怒等情绪其实已经平息，这时就可以和你进行理性对话了。

当然，你也可以把这个方法教给孩子。当他们会使用这个方法处理冲突的时候，好斗的行为就会明显减少。

◆ 创造力

青少年时期是创造能力发展的黄金时期。由于抽象概念在这一时期发展迅速，因此他们非常喜欢幻想那些并不存在的世界。这也是他们创造力的来源——他们冲破童年的禁锢，开始重新想象这个世界。在科学、艺术等领域，很多大师的创造都源于他们青少年时期的想象。

很多父母会认为孩子的想象是白日梦，并且加以阻止。这样做很可能会扼杀一个未来的“大师”。

02 为什么青春期的孩子总是充满敌意

长大后，他变成了自己曾经憎恨的父亲

肖恩给儿子打了十多通电话，没有人接。肖恩愤怒地将手机砸在地上，对妻子吼道："看看你把孩子惯成什么样子了！"说出这句话的时候，他突然愣住了。这句话太熟悉了，这种语气太熟悉了，这个声调太熟悉了，这正是他父亲曾说过的话！

肖恩以为自己一辈子都不会像父亲，他曾经很恨这个男人，可他居然说出了和他一样的话。这一刻，他的思绪似乎从自己的身体离开，他听见妻子强烈的反驳，但声音传到他耳朵里，像隔了一层厚厚的玻璃，他感觉自己好像突然站到了远处，看到一个愤怒的男人坐在餐桌旁，一个沮丧的女人沉默地收拾着残羹冷炙。这一幕，多像20多年前自己和父亲发生冲突时的画面。

肖恩记得，那时他躲在房间里，感到巨大的恐惧，恐惧又激起他强烈的敌意。"我不怕你！你想打我就来吧！我和你拼了！"但父亲最终没有动手。为什么没有动手？是否因为那时父亲已经开始感到沮丧、失控、无奈，对他心灰意冷……

肖恩和父亲的关系一直很差，直到父亲重病去世前，他们的关系都很疏远。两年前，他和母亲聊天说起父亲，他对父亲充满了埋怨和责怪，他感觉在父亲眼中自己就是一个失败的“作品”，觉得父亲很早就放弃了这个儿子，将爱给了别的孩子。

肖恩的父亲是一个军人，一直到肖恩10岁的时候才退伍回家。之前两人每年在一起的时间不超过两个月。相处的记忆并不温馨，肖恩感觉父亲总是把他当成自己的部下，呼来喝去，要求严厉，一旦肖恩不听话，就会换来一顿呵斥甚至暴打。父亲退伍后，两人的关系更加恶劣。为了反驳父亲总说他“缺少男子汉气概”，肖恩尝试过所有看上去“更像男人”的事情——打架、文身、吸烟、练拳……

然而，这一切并没有让父亲看得起他，相反对他越来越失望。后来父母又有了别的孩子，父亲渐渐将注意力从肖恩身上转移开。肖恩感觉父亲对他的管教越来越松懈，不再过问他晚上去了哪里，和谁在一起，也不再限制他的自由。肖恩应该感到轻松，不是吗？可是肖恩却感到失落。他开始表现得更加反叛，做出一些更恶劣的事情。一开始他成功地吸引了父亲的注意，但是渐渐地，父亲开始疲倦，甚至厌倦处理他制造的各种麻烦。父亲不再打骂他，只是偶尔嘲讽他，大部分时间都对他很冷漠。

“他不是放弃你，他是害怕你。”母亲对肖恩说，“你那时就像一个随时会爆炸的炸弹，总是对我们怒气冲冲。你爸爸这辈子从来没有感觉过自己在谁面前这么虚弱无力，你是唯一一个。他说你是他身上的一个漏洞，总让他泄气，他不知道怎么修补。”

多年以后，肖恩明白了父亲当时的感受，因为他也成了一个青春期叛逆男孩的父亲——他爱自己的儿子，但有时也讨厌他无理的态度；他想靠近儿子，却因为他的态度而不敢靠近。也许，因为爱得不到回应，才会用恶劣的言语和态度去表达受伤的感受吧？父亲当年是否也是这样？

可肖恩不希望儿子像他当年憎恨父亲一样憎恨自己，但他不知道怎样和这个充满敌意的小伙子相处。

为什么有些孩子会对父母充满敌意

父母总是很难与充满敌意的孩子相处。面对孩子挑衅的态度，父母最初可能会对他们进行惩罚、打骂、威胁，如果这些做法都没效果，父母会渐渐开始放弃或者屈服。如果亲子关系发展到这一步，常常会听到父母说："我简直不敢和他讲话，我还没说几句，他就冲进房间把门关上了。""我只是好心提醒他，他就开始发火。"

由于大脑情绪系统在青春期阶段的活跃度超越了人生其他阶段，青春期的孩子会对身边给他设置规则的成年人有一种"预设敌意"。即便成年人的行为和言语本无恶意，青春期的孩子也会错误地解读自己获得的信息。

这些孩子看待世界的方式中存在着一种"思维错误"，即相信自己在任何情景中都是受害者。如果孩子认为自己是受害者，他们会将"伤害"自己的人看成敌人。如果孩子觉得自己是父母的受害者，那么父母就是敌人；如果他们觉得自己是学校的受害者，老师就是敌人。一个充满敌意的孩子会认为父母是敌人，老师针对他，上学是件很傻的事情。他们觉得除了玩在一起的同伴，没人能理解他们。某些孩子还会将想法升级，变成"我恨你，我就要和你对着干"。

父亲应该做“慈父”还是“严父”

父母最应该注意的，是避免孩子对他们形成敌意。孩子对父母的敌意是长期不良亲子互动的结果。

英国剑桥大学一项研究发现，父亲对青春期的孩子使用语言暴力，比母亲对孩子使用语言暴力的影响严重得多。如果一个家庭中父亲扮演着严父的角色，时常责骂、惩罚孩子，孩子在青春期就可能和家庭成员更疏远。但是相反，如果母亲在家里扮演严母的角色，孩子却不一定会这样表现。

传统家庭中，父亲通常扮演规则的维护者，如果孩子表现不好，母亲可能不会直接惩罚孩子，会说：“等你爸回来收拾你。”如果父亲时常对孩子表现出敌意，拒绝孩子的需求，对孩子进行粗暴管教，青春期的孩子对家人可能会表现更糟。如果家庭中只有母亲对孩子表现温和，这种效果就会被父亲的粗暴、冷酷表现破坏掉。面对“严父”，当然不是所有的孩子都充满敌意，有些孩子是充满恐惧或者无法和父亲产生亲近感，所以父亲温和对待青春期的孩子非常重要，有时甚至比母亲温和对待孩子还要重要。

温和的父母并不是“放任型父母”，或者是对孩子妥协的父母。父母应该坚持自己的原则和观点，并且要表达出来。有时，父母担心表达了自己的观点以后会激怒孩子，或者失去孩子的爱。那么，父母该如何避免和孩子之间的冲突呢?

父母在表达了自己的观点后，应该迅速退出和孩子的争论，甚至不要去和孩子讲道理。“讲道理”的父母在给孩子传递一个信息——父母在掌控当下的环境，而孩子正在失去对环境的控制。而且充满敌意的孩子只会相信他们自己的看法，父母越是强调自己的观点，他们越会将父母看成敌人，或者看成不理解他们的人（老师这么做，也会造成相似的效果）。这时，最好的办法就是父母迅速从这场冲突中抽离开，表达了自己的观点后，对孩子说："你冷静下来之后我们再谈。"然后，不再回应孩子的愤怒，做自己该做的事情。

当然，父母也不必担心自己的观点和孩子的观点相左会失去他们的爱。"所有的父母都爱自己的孩子"这句话未必是真的，但是每一个孩子都渴望父母的爱却一定不假，获得父母的爱是孩子本能的需求。但长期不良的亲子互动或心理问题，会让孩子感受不到自己的渴望，或者不愿意承认自己的渴望。

充满敌意的孩子对父母的情感很可能非常矛盾，又爱又恨。当父母对他们和善的时候，他们对父母也是充满爱意的；当父母批评或者对他们进行说教的时候，他们就会对父母产生很强的恨意。对父母又爱又恨，是很多青春期孩子的常态，其实成年人也常常会经历这种矛盾的心态。比如，很多人爱着自己的伴侣，但也时常对他们很生气。将心比心，父母就能明白这些"愤怒的"青少年的心态了。

03 什么情况下青少年需要进行心理健康评估

青少年的心理问题

珍妮丝是一位青少年心理咨询师。她发现青少年心理疾病越来越多，而且发病的年龄也越来越小。

早上刚离开的一个女孩叫艾玛，15岁，一年内曾两次尝试自杀。珍妮丝第一次见到她的手臂时吓了一跳，她的手臂布满了疤痕——割伤或者烟头烫伤的疤痕，而这些伤疤全都是她自己弄的。艾玛的身材比较肥胖，在学校常常受到同学的嘲笑，不善社交的她也时常被同学捉弄。每次被捉弄时，她心里就充满了羞耻感，只有在折磨自己身体的时候，她内心的痛苦才会有所缓解。

“其实并没有很痛。”艾玛用憔悴的双眼注视着珍妮丝，说出第一次割伤自己的感觉，“流了一些血，我有点儿害怕，找了些医用纱布包起来。”

在心理问题严重的情况下，生理上的感觉会变得迟钝。

一个刚进入大学的女生，被学校心理辅导老师转介到珍妮丝这里，她的室友首先发现她有点儿古怪。她拼命地读书，有时半夜突然起床学习，或者自言自语，有时早上很难起床。几个月之后，她在枕头下放了一把刀，威胁室友如果再说她的坏话就把室友杀掉。室友吓坏了，报告给了辅导老师。

“被害妄想，幻听，感觉现实不真实。”珍妮丝接诊以后才发现，这个女生可能已经患上了精神分裂症，而且患病时间可能已经超过一年。女孩的父母一直没有发现，只是觉得女儿性格比较孤僻，不喜欢和人交往，极度热爱学习，但近几年似乎注意力很难集中，曾经跟母亲说过总感觉周围有很多噪声，比较容易被激怒。

“很多父母不愿意承认自己的孩子可能患有心理疾病，有些孩子也害怕被别人贴上标签，所以常常忽略掉一些征兆。”珍妮丝说，“对此我感到非常遗憾，如果能够在早期介入，后续的治疗并不会很麻烦，也可以避免很多悲剧的发生。”

心理疾病并不是成年人的专利，大概有一半的慢性心理疾病都始于14岁。然而，青春期的“戏剧性表现”，比如情绪化、叛逆，以及和家庭成员的关系渐渐疏远等，都会蒙蔽父母的双眼，从而忽视孩子可能正在面临的巨大心理痛苦。

父母不要忽略或者回避孩子出现的行为或情绪问题，但也没必要因为孩子情绪或行为上的一点儿改变就小题大做，认为这是心理疾病的征兆。有些状况可能仅仅是长期睡眠不足、长时间沉迷游戏甚至某些物品成瘾导致的。在判断青少年是否有心理问题之前，最好能获得专业医生的意见。时常有父母给自己的孩子贴标签，有些比较内向、不愿意参加社交活动的孩子，很可能被贴上“自闭症”的标签，而真实的自闭症完全不是这样的；还有一些父母说自己的孩子“人格有问题”，甚至患有“人格障碍”，这些结论非常不负责任，可能会加剧孩子与父母间的隔阂。

父母需要做的就是认真观察孩子的情绪和行为，如果确实觉得不妥，再带孩子去专业机构做心理健康状况评估，根据评估结果决定是否需要治疗。

什么情况下应该让孩子进行心理健康状况评估

如果孩子明显出现以下情况中的两种或两种以上，请考虑让孩子进行心理状况评估。

◆ 情绪波动

青少年的情感变化就像过山车一样，这种变化很可能是由于激素变化引起的，也可能是维生素缺乏或饮食不当引起的。有时，孩子可能只需要学习一些能够快速冷静和放松的小技巧，或者只需要和成年人谈谈怎样处理自己目前面临的问题，就会好转。

如果青少年长期情绪波动剧烈，时而抑郁，时而情绪高涨、兴奋，那么父母确实需要留心，这可能是双相障碍[1]的征兆。

◆ 感觉疲倦和低能量

如果孩子睡得很多，还是感觉很疲倦，这时父母就需要警惕。如果孩子在医院体检后身体正常，有可能孩子已经处于抑郁状态。

一项研究报告指出，如果青少年在10点前睡觉，他们患上抑郁症的可能性会下降24%，产生自杀想法的概率会下降20%。虽然引发青少年抑郁发作的原因有很多，但睡眠不足或者睡眠剥夺确实和抑郁情绪有很大关联。

如果孩子出现抑郁的症状，而且睡眠过少，总是少于7个小时，可以尝试一个实验——让孩子晚上10点前一定上床睡觉，将他卧室里的电脑、电视

1 双相障碍属于心理障碍的一种类型，指既有躁狂发作又有抑郁发作的一类疾病。——编注

都搬出去，让他晚上睡觉时交出手机。两周以后，看看他的情绪是否有所改善。如果还是没有，可以预约心理医生对他的抑郁状况进行专业评估。

◆ 思想混乱或注意力不集中

这可能是一个严重的问题，尤其是如果孩子并没有被诊断为“注意力缺陷多动障碍”，那么睡眠不足、药物滥用、缺乏维生素或者其他健康方面的问题可能才是元凶。

◆ 高度焦虑

许多青少年都承受着很大的压力。如果焦虑妨碍了孩子正常的生活，父母就需要给孩子提供一些额外的支持，冥想、瑜伽、做运动等会对某些青少年管用。如果这些方法都没用，可以寻找专业人士帮助青少年学习处理压力。谈话治疗技术或者帮助青少年冷静的技术，都对降低焦虑有很好的效果。

◆ 饮食习惯的改变

如果孩子严格节食、过度运动或暴饮暴食，过度担心自己的体重或过度关注外表，那么你需要和他谈一谈，或者找一个营养师，给孩子一些饮食和运动方面的建议。如果他拒绝帮助，继续担心体重，父母就需要密切关注孩子是否患上饮食障碍。饮食障碍是青少年尤其是青春期女孩容易患上的心理疾病，应该及时进行专业治疗。

◆ 滥用药物

酒精和毒品可能会出现在一些青少年的聚会上，某些青少年也可能为了减轻自己的心理问题而过度服用药物。如果发现孩子在使用酒精或某些精神类药物，父母需要和孩子开诚布公地谈一谈，看看他对此了解多少，使用这些东西已经有多长时间了，在什么情况下会忍不住使用。如果孩子不能停止使用这些物质，应该立即寻求专业心理咨询人士的帮助。

◆ 回避朋友

在青少年时期，孩子的社会地位和朋友圈的变化可能非常残酷。如果父母发现孩子遭受校园暴力，就需要立即进行支持或干预。有些父母并不太重视校园暴力的问题，认为那只是孩子之间的普通争执，这样的疏忽可能会酿成非常严重的后果。

除了校园暴力之外，父母也要关注青少年是否正在和身边的朋友疏远，或者只和网上没有见过面的人交朋友。如果出现这种情况，建议父母帮助孩子预约一位心理咨询师和他谈谈。在青少年阶段，对于交际方面的问题，孩子通常不太愿意和父母交流，却可能向有技巧的心理咨询师敞开心扉。

◆ 对家人表现出不耐烦

当青少年对家人，尤其是父母表现出不耐烦时，父母不必太过紧张，这是该阶段孩子的正常现象。在青春期，青少年在心理上想和家人分开，塑造自己的身份。有时候，他们会故意激怒父母，或者故意生父母的气，以此来保持与父母之间的距离。但是，如果愤怒和易激惹在孩子身上是一种常态，或者在一场普通的家庭冲突中表现得过于激烈，说明孩子很可能正在经历一些心理问题。

◆ 在学校的表现变化

对于如何平衡学业、自己的兴趣爱好以及恋爱之间的关系，青春期的孩子可能需要一些帮助。如果孩子已经完全不在意上学，总是逃学，或者无论身边的人怎样帮助他，都无法使他在学业上表现正常，父母就需要考虑他是否出现了情绪问题。

听见其他人听不见的声音，看见其他人看不见的东西，感觉现实不真实，感觉自己和其他人隔绝开来，或者突然出现一些仪式性的行为等，当孩子出现这些情况的时候，需要立即进行心理健康评估。有时这种情况可能是药物副作用所致，但如果孩子并没有服用特殊药物，这些现象很可能是心理疾病的征兆。

◆ 自残或自杀倾向

当孩子出现这两种情况的时候，父母一定要严肃对待。很多父母都以为孩子只是说说而已，并不会真的去做。有时，孩子确实可能采用自残或者想自杀的方式来操纵其他人，但父母也需要警醒，反思为何孩子会用这样的方式来达到自己的目的。

更值得注意的是，如果孩子心里痛苦的程度已经达到他无法承受的程度，他可能就会考虑自杀。对于这种情况，没有受过专业训练的父母很难处理得当，请一定要寻求专业心理咨询人士的帮助。

如果你一直担心自己的孩子出现负面的变化，而这些变化和上文提到的至少两种情况相吻合，请一定要留心。将心理疾病和青春期阶段的变化区别开来，并不是一件容易的事情，但父母是最了解孩子的人，父母要相信自己的直觉。如果连你都无法解释孩子身上发生的变化，请一定要寻求专业人士的帮助。

04 孩子恋爱，家长应该怎么办

孩子在 6 ～ 8 岁就开始出现对异性的“爱慕”

随着2016年《小别离》这部电视剧的热播，很多父母都开始关注青春期孩子的教育问题。虽然电视剧中黄磊饰演的父亲和海清饰演的母亲都倾向于预防、阻止孩子恋爱，但现实中的黄磊却这样看待“早恋”：“我女儿要是15岁谈恋爱，我觉得正常。”“‘早恋’这个词就不是好的，什么叫‘早恋’？”“十四五岁谈恋爱是正常的，这本身就是谁都会有的天然的东西，你能做的是往健康的更好的方面去引导，包括在性方面有更好的教育，保护好自己。小女孩跟小男孩在一起玩挺好的，但是不要那么早去尝试性，如果你真要去尝试，也要保护好自己，保护自己的安全。”

黄磊的看法被普遍认同，这说明一个现象，即中国的父母开始接受孩子在青春期有恋爱需求，并且开始用平和的心态去面对这件事情了。

其实，很多孩子并不是到青春期才情窦初开，在孩子6～8岁的时候，就可能开始用不同的眼光审视自己的异性同伴了。从发展心理学的眼光来看，孩子在青春期出现爱慕异性的现象并不是什么问题，而是这个阶段的正常现象。在美国家庭中，父母一般不会阻止自己的孩子谈恋爱，甚至会邀请孩子的男朋友或者女朋友来家里做客。

有一个美国父亲在博客上记录了这样一件事情：

有一晚，我7岁的女儿告诉我，他们班上有个小男孩喜欢她："他说他想和我约会，而且他想在日出的时候吻我。"

这位父亲尽量装作平静地回答："那你对他是什么感觉？"

"我觉得他不错，但是我觉得我们这个年纪就接吻似乎太早了。"

"谢天谢地！"这个父亲心里想，因为他还没准备好怎么和孩子讨论"恋爱"这个话题。之后，他在和其他父母的聊天中发现，孩子班上关于"谁喜欢谁"这个话题已经变得特别重要了。

一位临床心理咨询师说，这是孩子心理发展过程中出现的正常现象，根本不是早熟。她6岁的儿子开始询问关于两性关系的话题，还告诉她自己现在的女朋友是谁。

在6～8岁这个阶段，孩子对自己的性别以及男女身体的不同已经有了清晰的认识，他们知道男孩和女孩在一起该做什么、不该做什么，也开始对异性的身体感到好奇。虽然在这个阶段孩子的"恋爱关系"和成年人不一样，但是他们"爱慕"对方的感觉却是真实的。

如果孩子在6～8岁就出现对异性爱慕的感觉，那么进入青春期之后的恋爱怎么能被称作"早恋"呢？所以，我基本上也认同黄磊的说法，男孩和女孩在这段时间出现爱慕异性的感觉，甚至开始谈恋爱，并不是一件不正常的事情。

青春期孩子的恋爱特点

虽然恋爱是孩子发展阶段中的正常现象，但是青春期的恋爱具有一些特点，如果父母知道这些特点，会更加从容并且审慎地面对孩子的恋情。

大脑的迅速发育以及身体荷尔蒙水平的变化，使得青春期的孩子拥有非常丰富的情感，同时他们也需要外在热烈情感的回应。所以，青春期发生的恋爱往往非常感人，情感强烈，其戏剧化程度甚至不比偶像剧差。在恋爱中的青少年看来，他和恋人之间的亲密感比他和任何人之间的都深，甚至可能超越自己与父母和兄弟姐妹的亲密感。

恋爱中的青少年也会对彼此特别敏感，他们很容易被对方的行为、言语所伤害，他们之间的依恋关系也充满矛盾——在一起时会体验到强烈的愉悦感，同时又会因为担心失去对方而恐惧。他们会在自由与占有、诚实与欺骗、信任与嫉妒、满足与牺牲这些矛盾的状态中摇摆不定，在彼此较劲中体验强烈的痛苦。

从现实来说，很多青春期孩子的恋爱不可能持久，有的人可能突然就不喜欢对方了，有的人可能因为分开两地而渐渐疏远，还有的人可能又有了新的机遇。总之，这个阶段极高的不稳定性会使得一段感情非常脆弱。

对大多数人来说，青春期的恋爱几乎不可能毫无痛苦地结束，尤其是如果恋爱双方发生过性行为，在这段关系结束的时候，某一方可能会感到极度受伤和无助，也会感觉抛弃与背叛。

通常情况下，一段恋爱结束时，女孩会感觉到更多的痛苦，情绪也更容易受到影响。她们甚至可能会伤害自己，有些女孩会认为“没有那个人我活不下去”，或者绝望地认为自己“没办法再爱别人了”。

而男孩面对一段感情的结束，更倾向于将受伤的感觉压抑下去，让自己看起来坚强，他们可能将失恋的痛苦与羞辱转化为愤怒，从而促使他们表现出某些极端的行为，比如伤害自己的前女友，他们会认为“是她先伤害我的，所以我要让她付出代价”。大家可能还记得被男同学泼油烧成重伤的女孩周岩，那位男同学的行为便是极端的报复行为。

父母应该如何对待青春期孩子的恋爱问题

在大多数情况下，父母否定的态度不太可能阻止孩子爱慕异性，只会使孩子回避与父母谈论自己的情况，父母也会因此失去积极引导孩子的机会。当孩子面临这段关系中的困难和困惑时，他们根本不会向父母寻求帮助。

相反，如果父母和孩子一直都保持坦诚、尊重的态度，很多孩子是愿意和父母分享自己的恋爱经历的。如果父母能够关注孩子的恋爱问题，就能在他们的恋情遇到困难时，及时给予帮助，不至于出现极端的后果。

所以，父母最好严肃认真地对待孩子的恋爱，既不要忽视，也不要蔑视他的恋情，不要认为他只是“玩玩而已”。如果孩子正在经历分手的痛苦，父母应该鼓励孩子讲出自己痛苦的感受，密切关注他的情绪反应，确保他能够顺利走出伤痛，并且从这段经历中获得更好的成长，用更成熟的心智面对爱情。

度过这个阶段的人，很少会再体验到如此强烈的情感，有人文艺地说“再也没办法这样投入地爱一次了”，人成熟之后的心智和大脑确实不太可能如此投入到一段情感关系中。所以，青春期的恋爱其实是人生中非常珍贵的回忆，不管当时多么痛苦，未来想起时都会让人感觉柔软且美好。

如果孩子真的恋爱了，父母就应该默默地保护他，像一位年长的朋友一般去呵护他，给予他指导，让这段体验成为他一生当中最美的记忆之一。

05 权威型抚养方式最有益于孩子的成长

少年管教院的男孩们

格蕾丝毕业后的第一份工作，是在一所少年管教院做辅导老师。这所管教院是一个类似于少年犯监狱的地方，只是里面的孩子并没有犯太严重的罪，但如果任由他们发展下去而不加管教，他们早晚会酿成大错，而他们的父母似乎很早就放弃了他们，对他们毫无办法。

“很讽刺，不是吗？那些三四十岁的成年人对十来岁的孩子毫无办法。这些孩子完全不尊重自己的父母，有人称自己的母亲是‘母猪’‘婊子’，有人说如果见到自己的父亲，一定会打死他。”林恩的嘴角露出一丝若有似无的嘲笑。林恩是这所管教院的教导主任，他是一个高大剽悍的男子，据说曾经是一名拳击手，瘦小的格蕾丝站在他旁边就像一根牙签摆在一个棒球棍旁边。

格蕾丝点点头，继续沉默地看着孩子们的档案。他们做的事情都差不多，打架、偷窃、聚众闹事、贩卖大麻。格蕾丝指着桌上的一份档案问林恩：“这个孩子是怎么回事？第三次进来了？”

“噢，威利。是的，这是个麻烦的孩子，他才16岁，但和我差不多高。”

“可以告诉我他的家庭情况吗？比如他父母的情况。”

“威利的父亲年轻时曾在一个俱乐部打拳，是个脾气暴躁的人，他个子不高，但是打起人来很凶。威利的母亲是一个没什么主见的人，任凭丈夫摆布。”林恩说着耸耸肩。

威利从小就很沉默，不喜欢和别的孩子玩，有暴力倾向。林恩记得有一年，威利大概只有9岁，当时他在一块空地上踢球。那块空地下午常常被一群十二三岁的孩子占据着，当他们发现威利时，想赶他走。威利不理他们，继续踢球。于是，那群人想教训一下威利，后来他们就打了起来。威利当然打不过那群人，但他只揪住那群人中为首的那个狠狠地打，任凭别人怎么打他，他也不放开那个人。等警察过去的时候，那个男孩已经被威利打昏迷了，而威利也受了重伤，胳膊骨折，肋骨也断了一根，在医院躺了一个多月。

“威利是被他父亲从小打到大的，所以他打人很有一套。他父亲可没教过他怎么打拳击，可他打人的套路完全就是拳击。”林恩说这句话的时候居然有点儿得意。那次打架事件把威利的父亲气坏了，从威利进医院到出院，父亲没去看过他一次。

“威利从小就被他父亲揍，所以他根本就不怕被人打。后来他渐渐长大了，比父亲还高，你觉得他父亲还能打得过他吗？他母亲早就没办法管他了。后来就只有经常来我们这里被管管了。”林恩说完又笑了起来。

“这个孩子你也可以看看，”林恩说着，从档案中抽出一本递给格蕾丝，“这个孩子和威利是好哥们儿，算是威利他们那个组织的第二把手。”

“他们还有个组织？”格蕾丝皱皱眉头。

“算是吧，还有个名字，我忘了叫什么。”

这个名叫菲尔的男孩，档案记录得非常详细，还有几次心理治疗的记录。菲尔今年14岁，家境优越，父亲是一位医生，母亲是一名记者，全家住在富人区。这样的孩子怎么会和威利搞到一起？他们似乎也不是同学。格蕾丝感到有点儿不可思议。

菲尔在一所贵族寄宿学校读书，但一年前辍学了。格蕾丝查看了菲尔的心理治疗记录，渐渐看出了这个家庭的一些问题。菲尔的父亲经常出轨，以至于菲尔的母亲对他失望至极，但是为了维护家庭的颜面和一些利益，他们没有离婚，在别人面前仍然扮演着恩爱夫妻的模样。这对夫妻平常很少交流，彼此间充满怨恨，两人都在争夺孩子的爱和关注，为了赢得孩子的爱，他们极度娇惯菲尔，对这个儿子百依百顺，并且常常给他购买昂贵的礼物。菲尔从小就知道如何控制父母以达到自己的目的。他大概是一年前加入威利这个组织的，他是这个组织中最有钱的孩子，常常将自己的车和昂贵的娱乐设备提供给威利用。

“在菲尔之前，还有个男孩叫派恩，曾经也是威利的好朋友。”林恩说。

“曾经？”

“他在一次车祸中丧生。不过，法医尸检的时候发现他前一晚曾吸食过毒品，即便他不出车祸，某天也会因为吸毒过量而死。这个孩子似乎很想死，他是心理医生毫无办法的那种人，对什么都无所谓，对生活没有希望，爱挑起是非，似乎就想激怒别人。这个孩子的父母在他很小的时候就离婚了，据说他几乎没有见过父亲。母亲再婚后又生了几个孩子，可能也没时间管他吧。”

“格蕾丝小姐，我劝你别在这个地方待太久，在这里待得越久，你会发现越多奇怪的家庭。这些孩子只是他们奇怪家庭那棵树上结出的奇怪果子，他们先天就是如此，我们并没有什么办法可以改变他们，最多给他们点儿教训，随时提醒他们别做得太过火。但你别指望他们会洗心革面，我见过太多孩子出去又进来，或者去到更可怕的地方。”林恩笑着对格蕾丝建议。

格蕾丝非常讨厌林恩的笑容，但是她同意他的话——“这些孩子只是他们奇怪家庭那棵树上结出的奇怪果子”，不过她不同意“他们先天就是如此”。他们只是父母错误抚养方式的牺牲品，威利、菲尔和派恩，这3个孩子被父母用3种不同的抚养方式抚养大，他们现在的状况就是这些抚养方式造成的结果。

不同的抚养方式分别培养出什么样的孩子

在20世纪60年代，加州大学的黛安娜·鲍姆林德（Diana Baumrind）教授将父母的抚养方式分为4种类型，分别是专制型抚养、放任型抚养、冷漠型抚养和权威型抚养。

鲍姆林德将抚养方式分为两个维度：一个维度是回应，代表了父母给予孩子的温暖、爱、理解和同理心；另一个维度是要求，代表父母给孩子的限制、规则、界限以及期望。

这4种抚养方式分别是什么样的？它们又会如何影响孩子？

◆ 专制型抚养方式

专制型的父母会运用过多的控制，却不会给孩子足够的回应。这类父母与孩子的互动方式多是指示和命令，不考虑孩子的意见。通常这样的家庭强调顺从、尊重和传统，父母永远是对的，不遵守规则的孩子常常会被体罚。父母很少听到孩子的声音、体谅孩子的情感。专制型父母对孩子的爱意展示得很少，和孩子非常疏远，威利的父亲采用的就是这种抚养方式。

这种不与孩子沟通交流的方式会对孩子造成很多严重的后果，孩子进入青春期后更容易受到同伴的影响，表现出反社会的行为。他们不会和父母商量任何事情，因为他们从小就知道，和父母沟通是无效的。他们会通过无视和反叛来远离父母的价值观和信念。

有研究显示，在这种环境下长大的男孩，最可能表现出暴力行为。他们没有恒心，自尊感极低，社会竞争力差，自主性不强，对知识也没什么好奇心。

◆ 放任型抚养方式

这种类型的父母给予孩子很多温暖和爱意，却很难给孩子设置清晰的界限和规则。有些父母听从孩子的意见，甚至常常奖励孩子错误的行为。他们很容易培养出被惯坏的孩子，那个在富裕家庭长大的菲尔就是这样的孩子。

讽刺的是，孩子不会因为父母管教得少而开心，相反，很多由放任型家长抚养长大的孩子，往往是最不开心的孩子。

这类父母和孩子的互动教会孩子如何“操纵”别人。孩子获得一种能控制成年人的错误感觉，这会增加他们的操控行为。这种抚养方式下长大的孩子，通常难以控制自己的冲动，表现得不成熟，不愿意承担责任。

◆ 冷漠型抚养方式

冷漠型的父母既不给予孩子温暖，也不给予孩子控制。他们比较以自我为中心，对孩子没什么兴趣。被这种父母养育大的孩子，心理调节能力很差。由于没有父母管教，这些孩子很可能过早进行性行为、尝试毒品和酒精，往往也会卷入犯罪行为中。车祸去世的派恩就是这样的孩子。

◆ 权威型抚养方式

目前这种抚养方式被证明是对儿童和青少年最有益的抚养方式。在这种抚养模式下长大的孩子，心理适应能力较好。他们充满创造性，对知识充满好奇，能与父母以及朋友保持亲密的关系。他们的自我管理能力良好，自信、主动，自控能力也较好。

父母如何形成权威型抚养方式

◆ 给予孩子回应

关心孩子，让孩子感觉到来自父母的爱和温暖。在这种环境下长大的孩子，会和父母保持良好的沟通，遇到问题也会向父母征求意见。

◆ 向孩子解释为什么需要他们这么做

这一点很重要。当孩子还比较小的时候，他们并不能理解父母为什么期待他们在不同场合下表现出某些特定的行为，他们更喜欢那些让自己开心和舒服的行为或者本能自发的行为。如果父母能够耐心并且有技巧地向孩子解释为什么让他们这么做，可以帮助孩子提高智力上的发展，让孩子学会推理，理解两个事物之间的联系，发展出道德观和同理心。

◆ 时常与孩子讨论问题

很多父母不屑于和孩子讨论问题，觉得孩子还小，很多事情都不懂。其实和孩子讨论问题并不是为了告诉孩子什么，而是通过这种方式向孩子传达父母对孩子的尊重。通过讨论，孩子也更容易理性地思考问题，并学会独立思考。长此以往，即便父母不在身边，他们也能表现得很好。

- 对孩子有适当的期待

与大多数父母一样，权威型的父母对孩子的期待也比较高。但是他们会支持孩子达到这些期待，当孩子无法达到的时候，他们也会降低自己的期待。在帮助孩子达到期待的时候，比如，让孩子成为一个有责任心的人，让孩子变得独立等，他们都会一步步让孩子获得这种能力。

- 在爱与期待之间保持平衡

权威型的父母会考虑到孩子的年龄特点、性格特点以及特定的场合，去平衡对孩子的要求（期待）以及给予孩子的关爱程度。

如果你正在抚养孩子，建议你采用权威型抚养方式，给孩子设置明确的规则，同时也给予孩子足够的关爱。